2019年
香港反送中運動大事紀

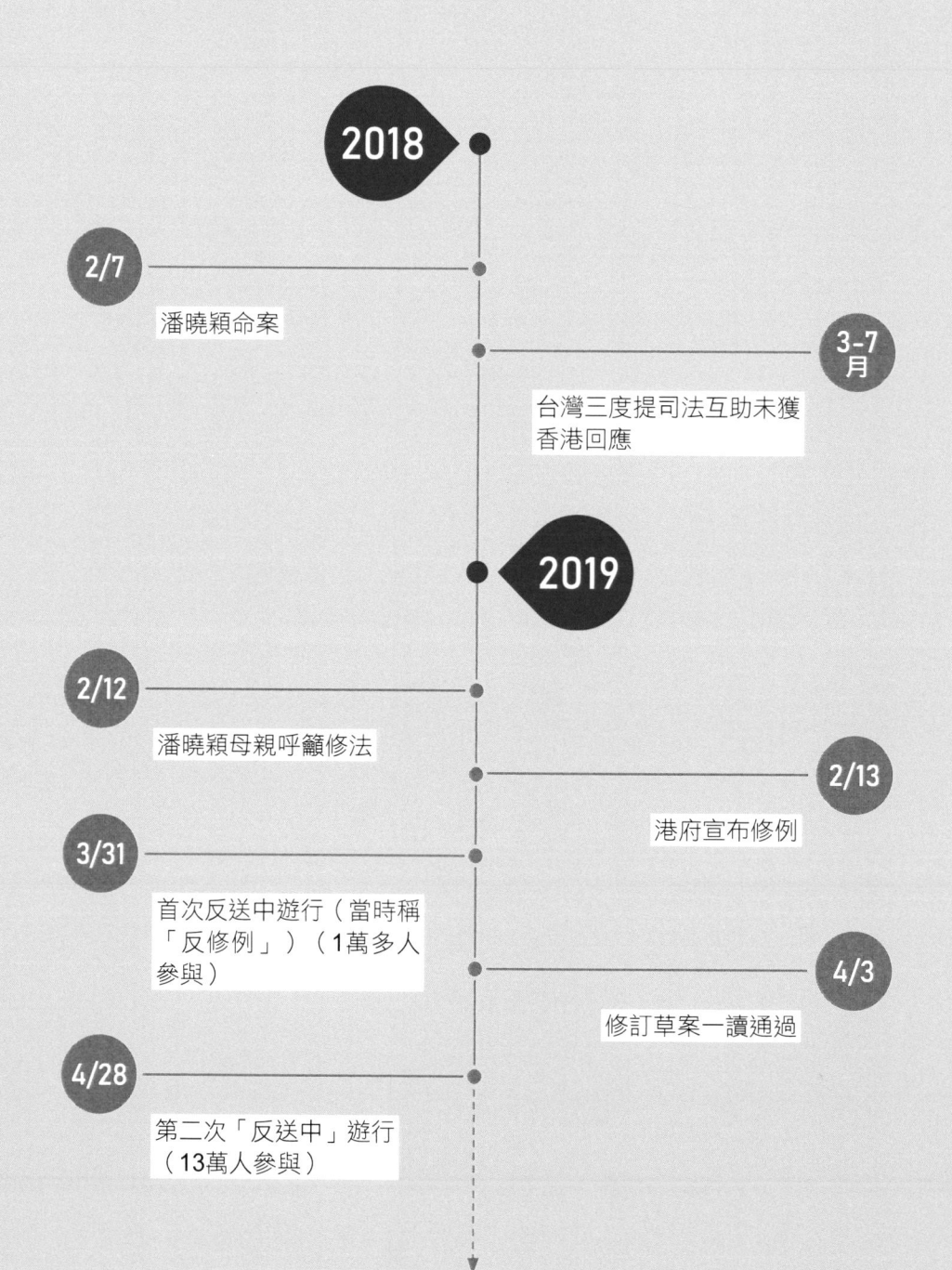

2018

2/7
潘曉穎命案

3-7 月
台灣三度提司法互助未獲香港回應

2019

2/12
潘曉穎母親呼籲修法

2/13
港府宣布修例

3/31
首次反送中遊行（當時稱「反修例」）（1萬多人參與）

4/3
修訂草案一讀通過

4/28
第二次「反送中」遊行（13萬人參與）

6/9

第三次「反送中」遊行
（103萬人參與）

6/12

示威者包圍立法會

6/15

黃衣人墜樓

6/16

第四次「反送中」遊行。
正式提出五大訴求。
（200萬人參與）

6/21

民間展開不合作運動；
示威者包圍警總

6/25

G20峰會前，民眾募資在
於世界各國登報廣告；並
於6/26在中環集會向國際
發聲

7/1

第五次「反送中」遊行。
（55萬人參與）

紀 念

熊家俊先生・梁凌杰先生・盧曉欣女士・
鄔幸恩女士・麥女士・范遠聰先生
及
一切為自由付出的香港兒女

自由六月

2019年香港「反送中」與自由運動的開端

22 HONGKONGERS 著

目次

導論

自1842年以來，香港在各種因緣際遇下發展成爲世界經濟與貿易的中心，二十世紀香港的富裕程度足以令港人傲視全球。香港作爲英國殖民地的經驗與二十世紀其他的殖民地差別甚大，政治穩定與經濟繁榮令普遍市民得以具尊嚴及希望地生活。尤其自第25任香港總督麥理浩爵士（Crawford Murray MacLehose, 1917-2000）以來，香港的安定繁榮令市民普遍對政治冷感。香港的財富與經濟發展成果的確直接改善社會各階層的生活，但也使得城市文化偏重於經濟活動，本地華人的日常生活長期與政治疏離。即使在1980年代，香港主權移交事宜對於市民的生活產生根本性的影響，亦沒有出現大型群眾活動。普遍的政治冷感在1989年天安門事件後的百萬人遊行開始逐漸解凍。直到香港特別行政區成立，市民因亞洲金融風暴後經濟民生長期倒退以及《基本法》第23條香港境內有關國家安全問題的立法爭議，終在2003年7月1日再次促成五十萬人遊行。如是者，和平的非暴力遊行示威集會成爲了區議會、立法會選舉及政府諮詢委員會以外，香港市民最爲普遍的政治參與（political engagement）方式。

　　無論在任何政治安排中，政府與被管治者之間的資訊流通順暢，都是政治穩定的前提。「下情不上通，謂之塞」，當社會的動向與政府的運作長期無以連繫，分歧必然導致爭執。[1]在現代國家的組成中，社會大眾的政治參與與國家權力的應用效率二爲一體，民主與議會固然爲一種手段，但人類社會亦曾做出不同的嘗試。[2]簡單來說，現代國家的政府會以「服務提供者」的立場、根據現實需要調整與修改社會的遊戲規則，而不太會自視爲導正人民德行與行爲、發號施令的「父母」。也正因如此，亨廷頓（Samuel Phillips Huntington, 1927-2008）才會認爲施政的效率（efficiency）與意識形態並不直接掛勾，二十世紀末的中華人民共和國即便沒有民主選舉，其政府的效率也比歐洲的民主小國爲高。就政治組織和社會運作程序而言，香港政府長時期在沒有民主選舉的情況下維持穩定，公務員團隊之優秀足令民主大國豔羨。[3]但在是次事件，即使不論意識形態，現屆香港政府掌握社會動向的能力急速瓦解，已足以讓任何立場的觀察者失望。作爲政治學與歷史的案例，2019年的香港值得世界注目。

　　2019年理應是香港公民社會與民主運動沉寂的一年。經歷2014年的雨傘運動

與政治改革失敗後，香港的經濟依然繁榮。在失業率方面，2014年香港失業率（不經季節性調整）為3.3%[4]，其中，2013年12月至2014年2月期間經季節性調整後的失業率維持在3.1%，是自1998年2月以來、即十六年以來的最低。[5]及後，香港失業率維持在低水平，2018年香港的失業率（經季節性調整）維持在2.8%，而失業率（不經季節性調整）則在2.6%至3.0%之間。[6]香港樓價在過去幾年節節上升，地產市場欣欣向榮。中原城市領先指數2011年6月10日報100.72點，創下1997年以來的新高。[7]及後中原城市領先指數持續升穿100點，其中，中原城市（大型單位）領先指數在2018年1月至12月介乎166.06和188.20之間；中原城市（中小型單位）領先指數在2018年1月至12月則介乎165.50和189.44之間。[8]2014年整體物業註冊宗數為81,489宗，整體物業註冊金額5,474.59億元；[9]整體物業註冊金額及後逐年上升，2018年整體物業註冊宗數為79,193宗，整體物業註冊金額7,413.83億元。[10]整體物業註冊宗數比起2014年輕微下降2.82%，整體物業註冊金額則比起2014年上升35.4%。在股票市場方面，過去五年，受中國股災拖累，2015年恆生指數（下稱恆指）曾一度跌穿2,000點，其後恆指反覆上升，2018年1月更創下33,484點新高。[11]2018年，本地股票市場交投上升，全年平均每日成交額為1,074億元，較2017年的882億元高22%。[12]以上各項經濟指標皆反映香港近年經濟向好，可謂是太平盛世。如此繁榮的經濟狀況中出現大規模示威活動，世所罕有。

另一方面，雨傘運動後期興起的本土主義（localism）令自1980年代以來代表民主運動的泛民主派（pan-democrats）受到新的挑戰。相對於以建立「民主中國」為志向的泛民主派，香港本土運動以本地的政治目標為優先考慮，吸引了不少同樣愛好民主，但對「建設民主中國」較為冷淡的市民支持。與政府分歧日益龐大的泛民主派政黨因本土思潮的興起，以及自身世代交替的需要，逐漸失去昔日的光芒。因此相對過往幾任行政長官，林鄭月娥女士所面對的反對力量遠為疲弱。2018年，香港最大的泛民主派政黨民主黨在其二十三周年黨慶晚會中，邀請了行政長官林鄭月娥、政務司司長張建宗、財政司司長陳茂波、律政司司長鄭若驊及多名局長出席。行政長官林鄭月娥在晚會中向民主黨捐贈3萬元，晚會更在Instagram帳戶上就此事發表貼文，並以「大和解」為標籤（hashtag）。面對民主

黨支持者之間的不滿聲音，民主黨時任主席胡志偉亦堅持，官員出席政黨晚會本來就是政府與政黨關係中的「應有之義」。胡主席認為，民間對此感到奇怪，是相較於前任行政長官梁振英時代政府與政黨間的撕裂局面。如今溝通，其實「只是回歸正常」。[13] 然而，在2019年6月12日的街頭，胡志偉議員卻於「反送中」運動中，站在警察防線前要求與警察指揮官對話時，被警方噴射催淚煙。[14] 不過幾百日的時間，溝通的場域由宴會席轉到街頭，箇中原委值得讀者深思。

　　香港特區政府以在臺灣發生的陳同佳殺人案為由，提出修訂《逃犯條例》和《刑事事宜相互法律協助條例》（下稱「修例」），建議在經過特首和法庭同意後，香港可應要求移交逃犯到任何司法管轄區。社會上隨即浮現對修例的疑慮和擔憂。事實上，修例對北京與香港的局勢而言均無急切需要。就北京的局勢而言，正值建國七十週年之際，中央政府自是希望全國社會各界和諧穩定，特別是一向處於國際鎂光燈之下、奉行一國兩制的香港；況且就算不修訂《逃犯條例》，中央政府要求由中央政府任命的特區政府單次移交逃犯亦足以達到政治目的，沒有急於一時推出有可能破壞香港社會和諧的政策之必要。事實上，這次的修例並非中央政府的優先議程。[15] 特區政府聲稱要協助臺灣殺人案受害者以及堵塞法律漏洞而提出修例建議，但臺灣陸委會多次表示擔心修例會令臺灣人以任何罪名被送到中國大陸受審，明言即使香港通過修例，若未能釋除赴港或在港臺灣人被移送大陸的威脅，臺灣政府不會同意移交疑犯陳同佳。港臺各界亦由是向特區政府提出先進行單次逃犯移交，以圓林鄭月娥女士為死者討回公道的初心。至於修例，則可留待充分的公眾諮詢、成功凝聚社會各界共識後再進行。

　　行政長官林鄭月娥多次表示修例的出發點是為了彰顯法治[16]，惟特區政府在提出修例建議後，社會上反對聲音一浪接一浪，政府向社會各界進行的諮詢卻是嚴重不足。2019年2月13日，保安局在並未諮詢公眾的情況下，突然提出修例建議，並表示希望在7月立法會休會前能完成修訂；行政長官林鄭月娥回應傳媒對於為何不就修訂《逃犯條例》進行公眾諮詢時表示，臺灣殺人案中，家屬五度寫信陳情令她動容，稱「如果我們仍跟人計較、慢慢在社會諮詢，或者出一些諮詢文件，恐怕就幫不了這個特別的個案。」[17] 政府對於富有爭議性的修例建議拒絕

溝通，未能凝聚社會共識便急於交由立法會審議，甚有道德威脅之意，自然使反對聲音愈演愈烈。更甚者，政府多次在關鍵時刻拒絕理解民情，直接激化民眾表達方式。2019年6月9日，在民陣發起的第三次反修例遊行中，逾103萬人上街抗議惡法，是繼1989年「全球華人大遊行」後，香港首次有百萬人上街遊行，可見群情之洶湧。面對如此大規模的遊行，政府卻在同日晚上11時07分作出回應，指《條例草案》會於6月12日在立法會恢復二讀辯論，[18] 對103萬人的聲音置若罔聞，社會各界譁然，激化了市民日後表達訴求的方式。

正如身兼基本法委員會委員的港大法律學院教授陳弘毅所言，修例風波是一場完美風暴。[19] 囿於資訊擁塞，政府的行動嚴重脫離民間普遍的期望，導致這場完全可以避免的「風暴」一發不可收拾，甚至席捲世界。

本書作為一歷史紀錄，無意牽涉於具體政治觀點與意識型態的討論。我們的關注在於這場運動如何發生。就如讀者所知，當機構內的個體不滿機構的營運方式，卻無正常的表達渠道時，就會出現不合作行為，例如工會舉行罷工活動。這種激烈的表達意見的方式無疑會增加機構的運作成本，對機構運作構成影響。故現代不少廠商都會盡力改善工作環境，保持與工會恆常溝通，以防止工人透過激烈方式表達訴求，增加機構交易成本。我們要明白，工人以激烈的方式來表達訴求（例如上文所提及的罷工），是以傷害自身來傷害機構的做法，當工人可以透過低成本的溝通渠道向機構反映意見並得到回應，例如透過工會與機構管理層溝通，他們自然樂意以低成本、溫和的方式表達意見。

香港作為一個「威權政體民主成分」的地區，民眾與政府的溝通方式事實上由政府主導及管理。政府理應容許市民透過制度化及非制度化的方式和平、理性、非暴力地進行政治參與，市民與政府溝通後下情上達，民眾便會積極透過不同渠道以語言來表達訴求。但當政府訂立了一個沒有效率的遊戲規則，市民就自然必須以行動取代語言作為參與政治形式。與任何機構一樣，政府有效施政需要訂立低成本且準確的溝通方式。推行政策也與任何決定一樣，需要準確得悉民意，不然只會徒增政府成本。以「反送中」風波為例，政府就修例進行真正

且廣泛的公眾諮詢本來是最低成本的溝通方法，但政府主動放棄了這個低成本的溝通方式，對社會上的反對聲音充耳不聞，一意孤行地認為主流民意支持修例，甚至指控反對聲音為社會的少數，這才迫使市民以遊行的形式向政府表達訴求。及後政府認為6月9日逾103萬市民就「反送中」上街的遊行「是香港市民在《基本法》和《香港人權法案條例》所賦予的權利範圍內行使言論自由的一個例子。」[20]沒有準確得悉及回應民情，導致市民不得不在之後以更激烈的方式表達訴求，使政府與民間的溝通成本不斷上升。

香港在經濟自由主義最興盛的年代成為大英帝國的屬土，又在《中英聯合聲明》與《基本法》的保障下維持了「資本主義」的「生活方式」，政府之於市場的關係確然維持了「守夜人」的角色。歷屆特別行政區政府無論如何希望以「大有為」的方針介入經濟活動，其成效都頗有疑問。因此，我們不妨在思考香港的問題時，將政府視為公共服務的「服務提供者」，而市民則充當具有決定權的「消費者」。這樣的想像在民主化未曾完成的香港固然會引人疑慮。畢竟，正如前立法會議員梁家傑先生在參選行政長官時的口號「有得揀，先至係老闆」（有選擇權才是老闆）所揭示，香港市民從1997年主權移交中國以來，一直至2019年，均沒有完整選擇執政人選與立法者的權力。

然而，民主選舉與代議政制並不是被統治者唯一一種發表意見的形式，世上沒有政府可以在治下的「消費者」長期不合作的情況下長久維繫。即使在帝制中國，國民無法透過投票表達政見，上書帝王、科舉入仕、武裝革命，皆可為之。《尚書·湯誓》所說的「時日曷喪，吾與汝偕亡」，就是最後（也是成本最高）的方式。古人以性命為代價與政府溝通，自然令人唏噓，亦是現代文明社會所不當再現。在今日高度文明的香港，市民在政治寒冬中不勝重負，接二連三地對政府以死相諫，亦出現不少絕食者以傷害自己的方式與政府溝通，更是讓人有切膚之痛。對自己的傷害及主動終結生命可說是非暴力抗爭的最後一環。富裕而具高教育水平的香港市民，自然不會輕易對他人做出暴力行為，但在死諫以上、傷人之下，是否仍有其他更具創意與力量的溝通方式呢？具有人性的觀察者，自然是憂心不已。

《尚書》所說的「天視自我民視」在帝制中國的多數時候的確沒有以和平的方式得以實現，但為了預防「民變」，政府亦設計了不少認識「民情」的方式，科舉制度便是一例。知識分子可以透過入仕改變政府作為，一定程度上反映了所代表地區的民情。與現代的民主政制相比，帝制中國的政府與國民之間這種迂迴曲折的資訊流通方式當然是成本奇高，除了通訊科技的差異外，龐大的官僚科層亦令判別資訊準確度的交易成本高得難以控制。但是，「消費者」可以以慘重的代價促使「服務提供者」提供更合理的公共服務，在歷史上並不少見。

　　作為國際金融中心的香港，論者若強稱因沒有完全的民主選舉而認為市民的意願完全無法影響政府的施政，亦非公允的說法。例如，政府1823熱線的設計與公開資料守則都讓市民可以簡單而有效地與政府溝通。而除了選舉產生的區議會與立法會，香港政府亦設計了一套系統化傾聽民間意見的方式，也就是就專案議題設立諮詢委員會，亦有不同專業團體就不同議題發表意見。

　　可是，自回歸以來，政府一直沒有就諮詢形式制定指引，現有諮詢形式通常是發表諮詢文件後邀請公眾回應，或舉辦地區公眾諮詢會及展覽，但這些慣用的諮詢常被批評不合時宜且「水過鴨背」。不具效率的諮詢方式使公眾諮詢期只有形式上的意義，政府從提出進行諮詢到真正蒐集民意的過程往往需時數月，收集民意後又要花上數個月分析並撰寫諮詢報告，整個諮詢期長達九個月至一年。[21] 政府所提供的諮詢渠道效率奇低，使和平集會、示威、遊行成為更直接的表達政治立場方式。號稱為「和平、理性、非暴力」（一些民主派成員更加上「非粗口」，否定「語言暴力」在和平集會的意義）的表達形式，一直維持到2014年。

　　至2014年，由於政治改革的爭議，戴耀廷、陳建文與朱耀明三人模仿華爾街佔領運動，提出佔領中環的計劃。2013年，港大法律系教授戴耀廷在《信報》刊登文章〈公民抗命的最大殺傷力武器〉，表示要由示威者違法地長期佔領中環要道，癱瘓香港的政經中心，以非暴力的公民抗命方式迫使北京政府改變立場，爭取普選。[22] 2014年9月28日，佔領中環行動於凌晨正式啟動，是次公民抗命的訴求包括撤回人大決定、重啟政改、梁振英政府重新交出反映市民真實意願的政改

報告。[23] 佔領行動歷時79日，自此佔據主要幹道成爲向政府表達訴求的新表達模式。

2016年被稱爲「魚蛋革命」的旺角警民衝突，市民又在長期佔路中添上武力衝突的元素。2016年2月8日，由於熟食小販被無情驅趕，示威者佔領近朗豪坊一段砵蘭街與警員對峙。警方以警棍及催淚水劑驅散示威者，在混亂中警方兩度向天開槍示警。示威者向警員投擲卡板及玻璃瓶等雜物還擊，亦有示威者拆除行人路上的地磚向警員投擲，在衝突中有警員撿起磚頭還擊，雙方均有人頭破血流。部分激進示威者在馬路焚燒垃圾及雜物製造火源，另有警車及計程車被破壞，衝突持續到翌日早上方能平息。[24] 然而，這一運動沒有獲得傳統民主運動參與者的支持，武力的使用並沒有成爲新的主流參與政治形式。

及至2019年，抗爭模式不斷改變，示威者的佔領方式進展爲流水式佔領以及使用輕度武力。在2019年6月12日發生暴力衝突後，6月16日即有200萬人上街遊行抗議，當中的訴求[25] 反映遊行人士對6月12日所發生的衝突態度正面。在2014年以前不少市民仍視以和平示威抗爭作爲向政府表達訴求的最高武力，及後示威者的行動武力不斷升級，如今在遊行後佔領主要幹道似乎已成常態；7月1日，示威者以衝擊立法會、破壞公物的方式與政府溝通，獲得了大部分市民的同情，可見市民與政府的溝通模式已進行了範式轉移。在2014年黯然退場的雨傘世代（Umbrella Generation），在2019年得到了千禧後出生的一代青年支持，重新獲得力量與社會認同。「連登討論區」與Telegram的成熟運用，亦完成了雨傘運動的去中心化（decentralise）過程。

香港市民主張和平，從過去的冷感及事不關己的取態，發展至現今積極主張以理性、非暴力的方式主動表達訴求，從歷年來的大型和平示威可見一斑。但政府仍然拒絕與市民溝通，自以爲能準確掌握民情，市民採取更爲激烈的行動迫使政府正視訴求，也是自然而然且無可奈何之舉。2019年6月是香港歷史上重要的一個月，同年7月21日更是香港歷史上最黑暗的一天。日後要重組這段歷史，必須從事件的細節入手，方可能明白層層升級的行動，主因是參與政治的正常管道

失效所致。這本書的目的在於保存資料、供日後的從政者與史學家閱讀。實證主義者往往以為「歷史是一連串死去的過去的事件」，而歷史的工作就是將資料「加以分類發現其間的關係」。柯靈烏（R. G. Collingwood, 1889-1943）提醒我們，歷史的寫作其實要求史家重構參與歷史事件的個體與群體在經歷事件時的心靈與思想。[26]「為甚麼會在這個場境中有這個行為？」「為甚麼這個人會在這個地方出現？」「為甚麼這個行為會由這個（群）人做出來？」這是我們希望本書的讀者能在閱讀的過程中不斷思考的問題。

*　基於安全考量，本書照片的人物面貌經過模糊處理。

本章註

[1]　房玄齡注：〈明法第四十六〉，《管子》（浙江大學圖書館藏《摛藻堂四庫全書薈要》本），卷15，頁13。

[2]　Philip A. Kuhn, *Origins of the Modern Chinese State* (Stanford, California: Stanford University Press 2002), Introduction.

[3]　Samuel P. Huntington, *Political Order in Changing Societies* (New Haven and London: Yale University Press, 1968), pp.12-24.

[4]　《香港統計月刊專題文章》，取自網站：https://bit.ly/2Sy0pdR，2015年5月。

[5]　取自香港貿易發展局網站：https://bit.ly/30LmAjJ，2014年4月1日。

[6]　取自香港特別行政區政府統計處網站：https://bit.ly/2JPhkGU，2019年7月18日。

[7]　中原地產研究部研究報告，取自網頁：https://bit.ly/30PGSbE，2011年6月10日。

[8]　取自中原數據網站（查詢指數）：http://202.72.14.52/p2/cci/SearchHistory.aspx。

[9]　香港特別行政區政府土地註冊處及美聯物業房地產數據及研究中心，取自網頁：https://bit.ly/2M51qsU。

[10]　香港特別行政區政府土地註冊處及美聯物業房地產數據及研究中心，取自網頁：https://bit.ly/2M3yp0r。

[11]　取自恆生指數網頁：https://bit.ly/2LFKycT。

[12]　證券及期貨事務監察委員會，《研究論文64:2018年環球及香港證券市場回顧（內附有關股票市場交易互聯互通機制下流入的資金、收市競價交易時段及 指數衍生工具活動的升勢的專欄）》，取自網頁：https://bit.ly/2Ly5dPO，2019年1月25日。

[13]　莊恭南，〈民主黨慶高官撐場林鄭稱「大和解」胡志偉：應有之義〉。取自香港01網站：https://www.hk01.com/%E6%94%BF%E6%83%85/170255/%E6%B0%91%E4%B

8%BB%E9%BB%A8%E6%85%B6%E9%AB%98%E5%AE%98%E6%92%90%E5%A0%B4-
%E6%9E%97%E9%84%AD%E7%A8%B1-%E5%A4%A7%E5%92%8C%E8%A7%A3-
%E8%83%A1%E5%BF%97%E5%81%89-%E6%87%89%E6%9C%89%E4%B9%8B%E7%B
E%A9，2018年3月20日。

14   〈逃犯條例爭議：「孤身擋催淚彈」的香港議員胡志偉〉。取自BBC中文網：https://
     www.bbc.com/zhongwen/trad/chinese-news-48800925，2019年6月29日。

15   〈陳弘毅：修例風波是一場完美風暴〉，取自香港電台網站：https://news.rthk.hk/
     rthk/ch/component/k2/1463988-20190620.htm，2019日6月20日12：21。

16   〈行政長官質詢時間答問內容（一）〉，取自香港特別行政區政府新聞公報網站：
     https://www.info.gov.hk/gia/general/201905/22/P2019052200516.htm，2019
     年5月22日。

17   〈行政長官於行政會議前會見傳媒開場發言和答問內容〉，取自香港特別行政區政府
     新聞公報網站：https://www.info.gov.hk/gia/general/201902/19/P2019021900523.
     htm，2019年2月19日。

18   〈政府回應遊行〉，取自香港特別行政區政府新聞公報網站：https://www.info.
     gov.hk/gia/general/201906/09/P2019060900579.htm，2019年6月9日23：07。

19   〈陳弘毅：修例風波是一場完美風暴〉，取自香港電台網站：https://news.rthk.hk/
     rthk/ch/component/k2/1463988-20190620.htm，2019日6月20日12：21。

20   〈政府回應遊行〉，取自香港特別行政區政府新聞公報網站：https://www.info.gov.
     hk/gia/general/201906/09/P2019060900579.htm，2019年6月9日23：07。

21   蕭輝浩、梁逸風，〈政府假諮詢？專家倡網上收集民意人工智能大數據助分析〉，取
     自香港01網站：https://bit.ly/2JL2KPQ，2017年3月22日7：30。

22   戴耀廷，〈公民抗命的最大殺傷力武器〉，取自《信報》網站：https://www1.
     hkej.com/dailynews/article/id/654855/%F5%85%AC%E6%B0%91%E6%8A%97%
     E5%91%BD%E7%20%9A%84%E6%9C%80%E5%A4%A7%E6%AE%BA%E5%82%B7
     %E5%8A%9B%E6%AD%A6%E5%99%A8，2013年1月16日。

23   友義，〈香港佔中發起人：佔領中環正式啟動〉，取自BBC中文網網站：https://
     www.bbc.com/zhongwen/trad/china/2014/09/140927_hongkong_occupy_
     central，2014年9月27日。

24   〈各界譴責暴力61人或控暴動罪 旺角騷亂125警民受傷〉，取自蘋果日報網站：https://
     hk.news.appledaily.com/local/daily/article/20160210/19485827，2016年2月11日。

25   五大訴求：撤回《逃犯條例修訂草案》、不檢控示威者、追究6月12日街道佔領時警
     方以催淚彈和橡膠子彈過當執法及向醫院索閱示威者病情的責任、撤銷6月12日的暴
     動定性，行政長官林鄭月娥下台。

26   R. G. Collingwood，黃宣範譯：《歷史的理念》（The Idea of History）（臺北：
     聯經出版事業有限公司，2013），頁232-235。

傘後的鬱悶：

2014年後的香港低潮

如果要追溯整個反修例運動的根源，了解爲何一次修例草案會引起那麼巨大的反彈，不得不從2014年一場備受關注的運動說起——雨傘運動。雨傘運動是香港主權移交以來最大規模的公民抗命運動，直到2019年才被反修例運動打破紀錄。這場運動影響之深遠、層面之廣泛，是過去所有香港社會運動未曾見過的，它影響了中共政權對香港的管治方針，使香港社會階層出現撕裂（支持佔領、

攝於雨傘運動時的街頭，「WE STAY WE FIGHT FOR DEMOCRACY」

支持泛民及本土派的「黃絲帶」陣營，以及反對佔領、支持建制派的「藍絲帶」陣營），導致警察形象下跌……而最重要的，是催生出強調香港主體性、抗拒中港融合的本土派，而這一第三勢力的興起，在傘後的政治形勢激起軒然大波。

雨傘運動簡介

自1997年香港主權移交起，《中華人民共和國香港特別行政區基本法》（簡稱《基本法》）作爲憲制文件，成爲香港憲政的依歸。《基本法》當中列明，香港在回歸中國之後，選舉制度會以循序漸進的形式邁向普選，走向民主自由。[1]

2007年12月，中國全國人民代表大會常務委員會（人大常委會）否決了在當時實行普選行政長官及立法會全體議員（雙普選），不過卻提出在2017年推行普選的時間表，讓香港市民對香港的民主自由抱持希望。但2014年8月31日，人大常委會通過《全國人民代表大會常務委員會關於香港特別行政區行政長官普選問題和2016年立法會產生辦法的決定》（簡稱「8.31決議」），爲雙普選政制設下框架[2]，不允許由公民、政黨提名特首候選人，至於立法會，則保留了比例代表制，讓行政機關的架構傾倒於親中的建制派，讓反對派人士難於進入議會參政，普選名存實亡。[3]

上述決議成爲之後「雨傘運動」的直接導火線，市民普選夢碎，社會感到深深的失望，觸發了通稱「學聯」的「香港專上學生聯會」及「學民思潮」（合稱「雙學」）於同年9月22日以「罷課不罷學」爲口號，策劃了一連數日的學界大罷課。[4]

自由 2019年
六月 香港「反送中」與自由運動的開端

警方展示紅旗，警告將使用武力驅逐示威者。

自由 2019年
六月 香港「反送中」與自由運動的開端

　　在9月26日最後一日罷課集會完結後，雙學宣布罷課行動升級為「重奪公民廣場」，號召示威者包圍政總，當中部分示威者佔領了公民廣場。[5] 佔領公民廣場的行動持續到9月28日，期間警方多次進行鎮壓，採取的手段，包括使用警棍、胡椒噴霧，並投放共計87枚催淚彈，行使武力清場，並拘捕領導佔領行動的「學民思潮」召集人黃之鋒。警方的行動引發市民帶同雨傘、口罩、雨衣、急救物資及個人保護裝備前往現場聲援，隨後數十萬市民散落各區佔領街道，引發以佔領街道為主的一連串公民抗命運動。[6]

1	2
3	4

1、2　警方分別於下午及晚上出動催淚彈驅散人群，有市民撐起雨傘以抵擋催淚煙霧。

3　　警方展示橙旗，警告可能向示威者開槍鎮壓，同時衝向示威者。

4　　示威現場一片煙霧彌漫。

示威者向警察防線下跪，狀似求情。

這場運動自9月26日起，一直持續到12月15日，爲期79天，這段期間示威者以佔領街道爲主，持續前往金鐘、灣仔、銅鑼灣及旺角的佔領區宣示爭取眞普選及廢除功能組別的政治訴求。[7]因示威者以雨傘抵擋警察的胡椒噴霧，使雨傘的形象在後期被用作運動象徵，這場公民抗命運動也因而被命名爲「雨傘運動」。

1	2
3	

1　尚在就讀中學的示威者。
2　政府總部附近，在「守護香港拒絕沉淪」的橫額周圍，聚集了示威者。
3　示威者以路障築起防線，佔領街道。

這場運動最終在警方大規模清場下落幕。在警方清場行動之前，有示威者在政府總部附近的夏慤道天橋留下「We will be Back」字句，彷彿為之後2019年再次佔領街頭的行動作出預告。

4 年輕的示威者倦極在佔領區外圍馬路石級上盯梢兼小休。
5 政府總部附近，在「學生不是暴民」的橫額周圍，像是學生的年輕人坐下歇息。
6 政府總部附近的連儂牆。

4 5
6

1、2　示威者於旺角佔領區。
3　　　示威者爬到地鐵站上蓋觀察狀況。
4　　　警察與示威者相談甚歡。
5　　　政府總部附近天橋的「We will be Back」字句。

傘運後期民氣潰散

在運動期間，警方曾施放87枚催淚彈試圖驅散佔領人群，激起社會大量民憤，直接導致後來的佔領行動。有鑑於此，政府立刻重整手段。政府通過社會知名人士勸導示威者不要升級行動、降低被武力鎮壓的可能性，又派出政府高層與學生對話；這些作法都讓政府得以在未有實質讓步的情況下，阻止運動升級，並讓民眾以為行動有效，終於獲得與政府在談判桌討論訴求的機會，因而滿心期待。

10月21日，夏慤道聚集了數千人觀看政府代表及學生代表對話的直播，然而直到對話完結，政府始終沒有回應市民的政治訴求，更指運動瀕臨暴動邊緣。[8] 這次對話，被民間視為政府拖延時間的「虛招」。群眾運動容易再而衰、三而竭，政府成功以同意對話為手段，使佔領者一直按兵不動，即使民眾最終發現政府無意解決問題，再欲將行動升級，對政府施壓，但經過長時間的佔領，民眾意志已見耗損，再加上目睹政府對民意的漠視，打擊了民氣，再難凝聚到民眾行動。

此外，當初佔領運動源於群眾對九二八事件中示威者受到武力鎮壓的同情，有些佔領人士對民主及當時的政治制度問題其實了解不深，而隨著佔領運動持續，政府又未再施行強硬手段驅逐示威者，群眾的熱情和憤怒逐漸退減。再加上運動以街頭佔領為主要手段，隨著時間推移，運動對交通及商戶的影響日漸顯露，影響民生，導致留守的示威者日漸減少，市民也開始反對運動，示威者的行為難以再造成輿論壓力。

傘運各方意見不一

雨傘運動的發展形式及情況，並非有計劃而行，而是出於意料之外。最初於2013年提出「佔領中環」作為公民抗命手段的「佔中三子」（香港大學法律系副教授戴耀廷、香港中文大學社會學系副教授陳健民、基督教新教教牧師朱耀明），當初的構思是由香港重點金融區的中環開始佔領，然而運動最終卻始於佔領金鐘。整場運動都不是依計劃行事，以致後來運動如何走向、抗爭如何變法，佔領的參加者內部未能統一意見，難有共識。佔領期間，曾一度有人提出在10月26日

起，一連兩晚進行廣場投票，透過表決整合示威者的意見，卻因為群眾的意見分歧而擱置，最終無法達成意見統一。由此可見，這場運動的缺點和致命傷，在於當時未能建立一個成功的協商共籌機制，同時亦有群眾認為不能有「大台」（編案：特定的領導者）代表自己的聲音。[9] 結果，運動未能討論出一個清晰的未來抗爭策略，雖有人提議採取「聯合陣線」及「不合作運動」的方式，最後也不了了之。

然而運動即便落幕，其影響卻在傘運之後燒得旺盛。傘運激發許多年輕人出來籌組政治團體甚至參政，這些傘後組織如雨後春筍般陸續冒出，當中最主要也最受矚目的，就是後來被歸納為「本土派」的新政府派系，被視為泛民主派及建制派以外的第三勢力。所謂本土派，就是主張以香港人的主體性、香港人的利益為依歸，反對中港融合及中共政權干涉香港；政治取向上，雖然跟傳統泛民主派一樣，支持香港落實民主制度，與支持中共政權的建制派對立，然而跟接受香港回歸中國的泛民主派不一樣，本土派反對中共政權對香港的「殖民統治」，主張香港有獨立自決的權利，因此也有部分意見認為本土派較「激進」。而在本土派政治組織中，「本土民主前線」（本民前）[10] 的行動，對之後的抗爭運動更是影響深遠。

2016年2月8日（農曆大年初一）晚上，香港的街頭發生了一場後來被稱為「旺角騷亂」（又名「魚蛋革命」）的警民衝突。每逢新年，總會有無牌熟食小販於街頭夜市販賣小食，這已是香港新年的一種慣例。而這場新年騷亂，事源於旺角有小販遭到食環署職員驅趕，不少市民響應以「本民前」為首的呼籲，前往支援小販，引來警方介入。[11] 警方隨後施放胡椒噴霧並揮動警棍進行鎮壓，更有警員向天開槍，激起人群更大的反應，進而採取較激烈的行動與警方對抗。衝突中，街頭一度冒煙著火，又有市民將手推車、雜物推出街道，意圖佔路，事件最後於翌日早上九時左右平息。

這次本民前的行動及呼籲受到許多溫和派人士，包括泛民主派陣營譴責，反映出當時勇武的行動並未獲得香港大眾支持。但這次事件令本民前一夜之間聲名大噪，更為他們之後參加立法會新界東地方補選鋪好了路。但最終，本民前的代表人物梁天琦因這次事件於2018年被判入獄六年[12]，其黨友黃台仰及前黨友李東昇則流亡海外。[13]

政治審查事件

　　雨傘運動之後，市民一度將希望寄託於代議士。2015年區議會選舉，傘運後的新興政治組織開始有成員參選，也有一些獨立人士首次出來參選，挑戰現有的政治勢力分布，當中甚至有人成功擊敗地區資深區議員，打破黨派長年壟斷該區的局面。例如新參選的徐子見於港島漁灣選區，擊敗在該區連任長達二十四年的民建聯資深議員鍾樹根；當時屬於青年新政的鄺葆賢，擊敗九龍城區議會主席劉偉榮，於九龍黃埔西選區當選。[14] 隨後2016年立法會新界東地方選區補選，雖然最終由泛民主派的代表楊岳橋當選，但本民前的代表梁天琦亦獲得66,524張選票，高票落選。比較過往立法會選舉的數據，六萬多票足以讓梁天琦在民意授權下當選立法會議員。

　　然而，到了2016年立法會選舉，選舉管理委員會首度要求參選人額外簽署一份聲明確認書，要求參選人聲明擁護《基本法》、承認香港為中華人民共和國不可分離的部分。梁天琦及其黨員指責這項措施是政治審查，向高等法院提出緊急司法覆核，認為選舉管理委員會逾越權限，卻被法官以「並無急迫性」為由拒絕。梁天琦最終為了順利參選而補簽確認書，但選舉主任何麗嬋認為根據梁天琦過去的Facebook貼文、個人評論及媒體相關報導，無法令人相信他會改變港獨的主張並真心擁護《基本法》，依然裁定其提名無效。[15]

　　梁天琦被褫奪立法會參選資格之後，改為支持梁頌恆參選。梁頌恆最終雖然一度成功當選，但宣誓時，他與幾位議員因誓言用詞問題引起質疑，被宣布宣誓無效；其後要進行第二次宣誓時，亦遭到建制派阻撓，無法重新宣誓，最終於2016年11月15日，與同屬本土派的青年新政代表游蕙禎一同被高等法院裁定喪失議員資格。其後再有其他已當選及宣誓的立法會議員，同樣被以宣誓不當為由裁定喪失資格。整次事件中，連同梁頌恆、游蕙禎在內，共有六名本土派及泛民議員被褫奪議員資格，媒體遂以「DQ事件」（取自被取消資格的英文Disqualify）指稱這次宣誓風波。因為這次事件，也衍生另一輪立法會補選。然而，空出的議席最終被建制派的陳凱欣及鄭泳舜取代，導致非建制派在立法會失去長達二十年的地區選舉分組點票否決權，更打破了以往的單議席補選中，非建制派候選人都會勝出的傳統。[16]

上述事件中，具公信力及一定民意支持的民意代表被阻止進入議會，大大衝擊了社會對選舉機制的信任。而經此一事，立法會內議員的陣營比例失衡，更加傾向建制，令政府的施政更加通行無阻，立法會淪爲橡皮圖章，無法將市民的聲音帶入議會之中，令市民對議會及代議機制失望日增。

大白象工程與社會的冷感

DQ事件使建制派首次在立法會的功能界別和地區直選都取得過半數優勢，泛民主派再無能力否決建制派或政府提出的議案，立法會實質上由建制派掌控，這也使得特首林鄭月娥自2017年上任以來，在執政上遭遇的阻力降至最低。市民經歷雨傘運動的失敗，獲得承諾的普選夢破碎，民氣受打擊之餘，議會制度又失衡，政府推行任何施政都可說暢通無阻，大眾的政治無力感日重，甚至發展成政治冷感。直到2019年的反修例運動，這些不斷累積的不滿及無力感才爆發出來，變成香港史無前例的大型抗爭行動。

最初在2018年1月1日時，尙有反對中港合作實施高鐵「一地兩檢」安排的遊行。中國大陸高鐵的延伸香港段，營運及建築費用高昂，而且一律由香港承擔，預計載客量及回報率卻備受質疑，建造期間本已引起相當多的爭議；到了討論通車後的關口安排時，政府提出「一地兩檢」方案，在高鐵範圍內劃出一個大陸口岸區，使用大陸的法律，由大陸機關管理，這項方案受到各界質疑是否有違《基本法》及一國兩制，甚至可能侵害港人的自由及權利。

然而，縱使這項方案爭議甚大，反「一地兩檢」遊行卻只有逾萬人參與，遠遠不及2019年6月9日反修例運動的遊行人數百分之一，反映當時的香港市民並不熱衷於社會運動，即使「一地兩檢」與後文將會詳細談到的《逃犯條例》修訂同屬敏感的中港合作方案，但「一地兩檢」的推行並未觸發市民激烈反彈，可見當時市民對於政治甚爲冷感。

及至造價高昂、實際效用低而被稱爲「大白象工程」的明日大嶼、港珠澳大橋，以及不時傳出嚴重超支的地鐵項目沙中線等大型基建計劃，即使有反對的聲音，亦相對零星，規模遠遠不及雨傘運動時的大型集會或示威行動。甚至具民意

指標性的七一遊行人數，在2018年亦顯得慘淡，警方公布的遊行人數甚至不足一萬[17]，可見市民對政治呈現冷感、不關心甚至放棄的態度。

　　面對議會失效、普選夢碎、傳統政治派系難以信任，市民對於政權的不滿一點一滴的累積，卻苦無出口。以上種種都令香港社會氣氛陷入鬱悶，民主之路遙遙無期，大型和平抗爭的行動亦毫無成果，最終直到2019年的反修例運動才全面爆發出來。

本章註

1　　「香港特別行政區行政長官在當地通過選舉或協商產生，由中央人民政府任命。行政長官的產生辦法根據香港特別行政區的實際情況和循序漸進的原則而規定，最終達至由一個有廣泛代表性的提名委員會按民主程序提名後普選產生的目標。」〈中華人民共和國香港特別行政區基本法〉。取自香港特別行政區政府網站，https://bit.ly/2SKWgn7。

2　　〈全國人民代表大會常務委員會關於香港特別行政區 行政長官普選問題和2016年立法會產生辦法的決定〉。取自香港特別行政區政府網站，https://bit.ly/W1d7mC，2014年8月31日。

3　　https://www.bbc.com/zhongwen/trad/china/2015/04/150415_hk_political_reform_background

4   Clare Baldwin and James Pomfret, "Hong Kong students to boycott class to protest China curbs on democracy", https://reut.rs/2Gcu2N8, September 21, 2014

5   〈香港警方：衝擊公民廣場13名示威者被捕〉。取自《BBC》網站，https://bbc.in/2Zh78vf，2014年9月27日。

6   〈【佔中九子案】警司承認施放87枚催淚彈後示威者反增3000人〉。http://bit.ly/2GqctJB，取自《香港01》網站，2018年11月28日。

7   〈香港占領中環與雨傘運動一次看懂〉。https://www.cna.com.tw/news/acn/201811190136.aspx，取自《中央通訊社》網站，2018年11月19日。

8   〈對話結束政府未正面回應學聯〉。http://www.epochtimes.com/b5/14/10/22/n4277906.htm，取自《大紀元》網站，2014年10月22日。

9　〈佔領中環：「廣場投票」因群眾分歧擱置〉。https://bbc.in/2MoQFBy，取自《BBC中文》網站，2014年10月26日。

10　本土民主前線（Hong Kong Indigenous），簡稱「本民前」，成立於2015年1月，成員大部分是經歷過2014年雨傘革命，並反對香港傳統反對派（泛民主派及香港專上學生聯會等傳統組織）的參與者組成的香港本土派組織，主張香港「民族自決」，主張對抗中國共產黨政權。有感於雨傘運動和平抗爭的失敗，認為「以武制暴」，以武力保護自己及其他示威者，才是正確的抗爭方向。

11　〈【短片：旺角騷亂懶人包】撐小販變通宵騷亂 警向天開槍 磚頭亂飛 街頭起火 85人受傷〉。https://hk.news.appledaily.com/local/realtime/article/20160209/54740568?top=12h，取自《蘋果日報》網站，2016年2月9日。

12　〈【暴動罪審訊】梁天琦砵蘭街暴動罪脫仍須就一暴動一襲警罪服刑〉。https://bit.ly/2MyHL6d，取自《明報》網站，2019年3月22日。

13　〈被問愧對梁天琦 黃台仰：早商「一留一走」〉。https://bit.ly/2OmHqEL，取自《明報》網站，2019年6月6日。

14　〈定義眾說紛紜當選「傘兵」愈數愈多〉。https://hk.on.cc/hk/bkn/cnt/news/20151123/bkn-20151123220134532-1123_00822_001.html，取自《東網》網站，2015年11月23日。

15　〈立會選戰－選舉主任12頁紙封殺梁天琦－斷言當選續倡港獨〉。https://bit.ly/315EbCX，取自《HK01》網站，2016年8月2日。

16　〈泛民仍失分組否決權陳：暫未需再改議規〉。https://bit.ly/2Mo6hFB，取自《明報》網站，2018年11月27日。

17　〈【短片：七一遊行】警稱高峰時9800人成03年以來最低16年來首跌穿五位數〉https://news.mingpao.com/ins/instantnews/web_tc/article/20180701/s00001/1530447586069，取自《明報》網站，2018年7月1日。

「送中」與「反送中」的來龍去脈

臺灣殺人案觸發修例

　　2018年2月13日，香港人陳同佳與二十歲女友潘曉穎同赴臺灣旅行。四天後，根據兩人入住旅館的閉路電視紀錄，陳同佳獨自攜帶一個粉紅色行李箱離開，當晚並未回旅館，同一天就返回香港。潘曉穎父親其後在香港報案指女兒失蹤，警方在陳身上搜出受害人的財物，查出他涉嫌盜用受害人信用卡及提款卡取款，於是拘捕陳同佳。在警方警誡下，陳同佳供稱在臺灣殺害女友，並將死者放入行李箱棄屍公園。由於香港與臺灣沒有簽訂移交逃犯協定，即使他承認殺害女友，亦無法控告他殺人及引渡到臺灣受審，香港警方只能控以洗黑錢罪，還押受審。

　　臺灣地方檢察署在同年12月正式發出長達三十七年半的通緝令，致函法務部轉請陸委會要求特區政府移交疑犯到臺灣受審。臺灣地方檢察署稱，臺方已完成採集證據及調查，獨欠疑犯口供等關鍵證據，更曾於2018年3月、5月及12月共三次向港方提出移交逃犯請求，但一直未獲香港政府正面回應。到了2019年2月13日，香港保安局突然在不曾諮詢公眾的情況下，提出修訂《逃犯條例》和《刑事事宜相互法律協助條例》，建議經過特首和法庭的同意，香港可應要求移交逃犯到任何司法管轄區，並希望立法會能在7月休會前完成修訂。

　　根據現有條例，香港政府處理移交逃犯有兩種方法：透過雙邊協定或多邊公約的「長期安排」，或以一次性個案方式處理，經由立法會以附屬法例方式審議。香港只與二十個司法管轄區簽訂了移交逃犯協定，而且現行的刑事法律協助及移交逃犯條例，均訂明不適用於香港以外的中國大陸、澳門和臺灣。[1] 保安局因此宣稱現有條例有所不足，令政府無法處理此次臺灣殺人案的移交要求，亦凸顯了現在條文的缺陷，「容許嚴重罪犯（如殺人犯、強姦犯）潛伏在香港，不予處理；除違反公義外，亦嚴重威脅香港治安及人身安全」，故建議刪除條文限制，讓港府有法律基礎處理任何司法管轄區對港府提出刑事法律協助及移交逃犯的請求。

　　根據保安局提出的立法會文件，修訂內容建議由特首發出「證明書」並以此作為基礎，啓動處理臨時拘捕及移交的請求，再由法庭審議。文件又建議刪除立法會審議案件的權力，理由是審議時有關案情會在立法會公開討論，涉案人士的個人資料可能會被公開，加上立法會審議的28至49天期間，當局不能申請臨時拘

捕令，同時可能會驚動逃犯潛逃，亦可能違反其接受公平聆訊的機會。在政府公開修例建議前夕，受害者母親在民建聯立法會議員李慧琼和周浩鼎陪同下會見記者，表示「希望特區政府可以彰顯公義，進行司法互助」，兩位議員亦在記者會上表示支持港府修改法例，堵塞漏洞。[2] 特首林鄭月娥在保安局提出修訂後回應傳媒提問時表示，受害者父母曾五度致信向她求助，不忍心不理案件，而因為案件有時限性，只能在立法會討論，若慢慢進行公眾諮詢恐怕就幫不了這個特別的個案。[3]

修例引起社會各界爭議

政府推出修例建議後，立刻引起各界關注及熱議。其中一項爭議，是諮詢期極短，一般而言，政府就政策諮詢公眾，會訂下約一個月至三個月的諮詢期，然而這次修例，政府宣布只會諮詢二十天，被批評過於倉卒。而更重要的爭議，在於各界憂慮此次修例會影響香港的法治及人身自由。修例後，若港人涉嫌在異地犯有嚴重罪行，不但可以被引渡到臺灣，也可以被引渡到澳門和中國大陸受審，令社會各界擔心條例將打破兩地的司法防火牆，日後被當成移交政治犯到大陸的手段。大律師公會於3月4日就曾提出意見書[4]，就解決陳同佳案建議了其他法律方案，指出「並不需要過度放寬《逃犯條例》和《刑事事宜相互法律協助條例》」。意見書中更關注若把審議程序繞過立法會、僅由行政長官把關，「會降低對人身安全及人身自由的要求，尤其是當該司法協助要求是來自一些沒有提供國際社會對刑事審訊及囚犯基本人權保障或有違犯人權歷史的司法管轄區。」多個專業團體、民間團體、學術界、民主黨亦分別提出聲明或聯署以示反對。[5]

社會各界對中國司法制度存有疑慮，乃因過去中國大陸多次傳出懷疑打壓異見人士的事件。修例期間最常被提及的相關例子，便是2015年發生的「銅鑼灣書店事件」。該書店以售賣不少中國大陸無法出版及發售的政治書籍聞名，2015年10月至12月期間，其股東及員工共五人分別於中國大陸、泰國及香港失蹤，其後全員證實身處大陸，被有關當局拘留，引起各界關注中國大陸是否有強行擄人之嫌。其中在泰國失蹤的股東桂民海，以及在香港失蹤的經營者李波，分別持有瑞

典及英國國籍，間接反映了香港政府推出修例後，為何也引起國際擔憂外國人在港的人身自由及安全（詳見後文關於國際反應的篇章）。雖然保安局局長李家超曾表示引渡機制不適用於政治案件，然而銅鑼灣事件中的桂民海被捉拿至中國，所控罪名為2003年涉嫌在中國大陸醉駕，早年更有維權藝術家艾未未被控逃稅，令各界擔憂政治因素的引渡可能透過非政治的罪名作掩飾。

商界憂慮，促使政府進行第一次修改

除了法律界對修例表示質疑，商界也罕見發聲，表達對修例內容感到憂慮。根據修例內容，可移交的罪行中有多項涉及商業罪行，例如逃稅、電腦罪行等[6]，令商界擔心會因商業瓜葛被移交中國；加上移交安排有追溯期，即使是多年前發生的糾紛，中國大陸部門仍然有權提出移交安排。[7]在立法會手執八票的經民聯、候任貿發局主席、廠商會立法會代表及商界出身的港區人大代表田北辰等商界代表，紛紛促請政府在修例中排除商業罪行，而政府為釋除商界疑慮，在3月26日審議及通過修訂草案，將移交門檻提高為可判監三年或以上罪行，並刪除當中九項商業罪行。[8]香港總商會[9]、廠商會[10]等隨後發新聞稿歡迎政府的修改。

民間兩度遊行反對修例

縱使商界憂慮降低，民主派與民間仍然反對修例。民間人權陣線（民陣）與民主派議員在政府公布新的修訂草案後兩天，召開記者會，呼籲市民參加3月31日的反修例遊行。民主派會議召集人毛孟靜批有關修訂仍會令香港「中門大開」，指民主派會用盡一切可行方案阻止修訂通過。[11]該派最資深的立法會議員涂謹申亦於報章撰文[12]，斥責政府別除商業罪行只是為了在立法會得到足夠票數，換取商界支持。他在文中指出，香港和中國大陸二十年間就逃犯條例談不攏，是因為兩地法制和人權標準相差甚遠，港人難以信任大陸司法制度：中國政府可用其他合乎引渡資格的罪行作包裝，將港人引渡至中國大陸受刑，甚至加控

其它罪行。他又指修例後，一些在國際法治排名很低的國家，或是政局長期處於混亂狀態的國家，也可以向香港提出引渡申請，政府多次表示修例是要全面堵塞漏洞，實際上卻是全面開放漏洞。

於3月31日，民陣及民主派首次舉行反修例遊行，遊行間隊伍高呼「不要送中條例」、「引渡返大陸，香港變黑獄」等口號，表達對兩地司法制度區隔消失的擔憂。[13] 大會統計共1.2萬人參與[14]，警方則稱高峰期有5,200人。「銅鑼灣事件」中被中國大陸指控非法經營書籍銷售的書店店長林榮基亦參與其中，他在接受訪問時表示，擔心修例後留在香港毫無保障，因此會在修例之前離開香港。[15] 其後他於4月25日前往臺灣。

遊行翌日，特首對萬人反修例遊行作出回應，強調不會收回條例修訂，更指遊行集會中不少言論和口號完全偏離法律修訂目的和內容，重申修例只為處理臺灣殺人案以及堵塞現時漏洞。[16] 而多個傳媒工會、組織和機構則發表聯合聲明，擔心修訂帶來寒蟬效應，任何在港記者均有可能被移送大陸，此風險恐怕造成自我審查，令香港僅餘的言論、出版及新聞自由空間嚴重倒退。聲明亦列出近年中國大陸多宗傳媒工作者因非政治罪名而被控或甚至入獄的案件。[17] 亦有多年在大陸探訪的前中國組採訪主任表示，修例後本地傳媒將縮減在大陸探訪，甚至聽聞部分國際傳媒考慮將亞太地區新聞總部撤出香港，保障編輯的專業與安全。[18]

大律師公會也在4月2日第二次提出意見書，[19] 質疑政府一直聲稱修例是為了填補漏洞是「誤導」，因為現行的《逃犯法例》不涵蓋中國其他地方，是1997年立法機關有鑑於中國大陸保障基本人權的「往績」，與兩地刑事司法系統差異所做的決定。聲明中又質疑修訂剔除九項商業罪行以保障商人，實屬「假象」。然而，縱使受到各界質疑，修改後的修訂草案依然於4月3日在立法會完成首讀。4月28日，民陣舉行第二次反修例遊行，要求港府撤回修訂，大會表示這次遊行有13萬人參與，而警方則指遊行人數高峰期有22,800人。[20] 4月29日，臺灣殺人案的嫌疑犯陳同佳洗錢罪成，被法庭判處監禁29個月，扣除已羈押的13個月及假期後，預計將會在2019年10月獲釋。[21]

立法會審議程序鬧爭議

《逃犯條例》修訂草案進入二讀程序後，[22] 按規定要成立法案委員會審議修例，由最資深議員，即民主黨的涂謹申負責主持主席選舉，但經過兩次會議仍未能選出主席。[23] 於是立法會內務委員會於5月4日週六傍晚向法案委員會作出「指引」，要求由建制派石禮謙取代涂謹申主持委員會的主席選舉。按照程序，這項指引原本應該由涂謹申於5月6日下午帶領法案委員會討論是否接受，但法案委員會秘書在當晚接近8點時，突然向議員發出通告，指有關是否接受指引的決定，會以「書面投票」的方式進行，若超過一半委員同意，石禮謙就可代替涂謹申在星期一主持會議。[24]

涂謹申斥責秘書處沒有他的同意和指示就發出通告是越權行為。[25] 然而建制派迅速採納內會指引，撤銷涂謹申主持法案委員會的權力，改由建制派經民聯石禮謙取代。涂謹申堅持自己的主持地位合法，民主派亦於5月6日如期到會議室開會，在建制派杯葛下選出涂謹申為委員會主席。建制派及泛民主派互斥對方會議「不合法」，鬧出「雙胞胎」爭議。惟立法會秘書處及政府選擇承認石禮謙的法定地位。[26] 政府其後宣布繞過立法會法案委員會，修例草案將於6月12日直上立法會大會進行二讀審議，加深了反對修例的泛民和市民對「制度暴力」的不滿。[27]

政府第二次修改草案

為回應民間對修法的憂慮，保安局局長李家超於5月30日就修訂草案會見傳媒，指政府認為可在三方面提出共六項額外措施，例如縮小「特別移交安排」的適用範圍為須判監七年以上的嚴重罪行、在啟動「特別移交安排」時加入更多限制、加強保障疑犯利益等。[28] 不過，兩次修訂仍未能釋除法律界的憂慮。香港大學法律學院首席講師張達明表示，根據政府目前提出的建議，法庭的把關角色很有限，如果香港法庭因中國大陸無法保證公平審訊而拒絕移交，中央不接受的話，香港的法官將面對很大壓力。[29] 大律師公司也於6月1日第三次提交意見書，[30] 除了重申前兩次意見書中對人權及程序公義的憂慮，亦質疑第二次修改提高了移

交門檻至七年以上的罪行，既沒有政策原因支持，亦無法處理很多需要移交逃犯的罪行，更無法如局長所言般保障商業人士；而其他所提出的「保障」亦未見妥善。

而最為重要、也是引發往後持續整個6月的反修例運動的關鍵，就是兩次修訂建議仍未解決最核心的問題：未能確保中國大陸等國家有公平審訊及基本人權保障。事實上，從保安局3月初次提出修訂逃犯條例起，至6月初為止，已有不少界別紛紛提出各種方案，包括大律師公會、來自不同派別的議員、法律系學者等等，當中既有針對修例內容的建議，也有處理陳同佳案的其他方法。[31] 但政府兩次修訂草案，均未見明顯參考這些建議，而傾向支持政府的建制派又在討論修訂《逃犯條例》的特別會議上，否決邀請大律師公會及律師會參與討論，再加上來自非建制派政黨的多項臨時動議及修正案也不獲採納，[32] 令社會各界認為政府缺乏討論的誠意，亦使民間難以接受修訂建議。民主派、學界及地區組織發動在全港擺設街站，全力宣傳二讀恢復前的6月9日大遊行。共計349間中學的校友於網上發起聯署反對修例（佔全港中學數目七成），[33] 截至6月初簽署人已逾16萬，[34]當中亦有與修例相關的高官母校；同時，多所大專院校、小學以及地區居民的聯署也相繼出現，要求美國關注修例的「美國白宮聯署」亦達10萬人聯署。

6/6，法律界大遊行

在5月31日的保安事務委員會特別會議上，保安局局長稱包括法律界在內「好多人」根本不了解《逃犯條例》的運作，也沒有看清楚草案的內容。此言論引起法律界的不滿，法律界全體30位選舉委員會委員隨即去信特首，邀請特首與官員就修訂《逃犯條例》會面，開導委員對草案的誤解（enlighten us on our misunderstanding of the Bill），[35] 但遭特首辦回信拒絕會面。[36] 此舉激起法律界在6月6日舉行黑衣遊行。香港大律師公會在遊行前夕再次針對《逃犯條例》發表意見書，[37] 指修例影響重大，應先詳細檢視法案、全面諮詢公眾，並促特區政府擱置修例。這是自1997年香港主權移交以來，第五次法律界發起遊行，主辦單位表示約有3,000人參與，是歷來法律界遊行人數最多的一次，當中更包括律政司檢

控官及多名屬遊行稀客的資深大狀（編案：訟務律師），反映了法律界對這次修例的憂慮之深。

臺灣：修例是捨易取難

　　修訂建議甫出台時，臺灣的陸委會副主委兼發言人邱垂正便在記者會上回應[38]，稱臺方決不同意香港政府以「一個中國」為前提的引渡安排，絕不接受矮化、旨在消滅國家主權的行為，認為修例表面上為了引渡香港籍人犯到臺灣，實際是將包括在港的臺灣人以任何罪名送到中國受審。民主派於3月初訪臺會晤臺灣包括時代力量、民進黨等不同政黨。時代力量總召集人徐永明表明，對修例建議感「唇亡齒寒」，除關心港人外，亦擔心在港安全。民進黨則指看到一國兩制實施二十年間，中國的承諾已全部改變，臺灣人民無法接受。[39] 同行的立法會議員朱凱廸表示，即使是國民黨人，亦認為應先集中處理港臺之間的協議。[40]

　　雖然保安局局長李家超於4月中表示，已透過香港的「協進會」（港臺經濟文化合作協進會）和臺灣的「策進會」（臺港經濟文化合作策進會）向臺灣進行協商，然而陸委會在回應中反駁，香港政府不但未回應臺灣三次的司法請求，亦拒絕臺灣提出的雙方部門主管會商。[41]在5月例行記者會時，陸委會更評論修例是捨易取難，「以複雜且受到高度質疑的修法方式來取代」[42]，更表明即使香港通過修例，若未能釋除赴港或在港臺灣人被移送中國大陸的威脅，臺灣政府不會同意移交陳同佳。

國際對修例的反應

　　除了直接相關的臺灣、香港，多國政府亦相當關注這次修例，除了擔心《逃犯條例》修訂後，香港的高度自治與法治制度會受到衝擊，影響香港的國際地位與營商環境，更恐怕會威脅在港外國人的安全與利益（考慮到桂民海及李波等持有外國國籍的港人亦被「引渡」回中國大陸的先例）。美國駐港總領事唐

偉康（Kurt Tong）[43] 及美國國會美中經濟與安全審查委員會（USCC）[44] 就分別在2月和5月，針對修例發表意見和報告書，擔心修例損害一國兩制，侵蝕香港的法治與高度自治，嚴重損害美國在港利益，更可能違反關係法。英國人權組織「香港監察」也在4月底發布一封十五名來自多個國家的議員聯署信[45]，要求特首考慮撤回修訂草案。英國議會下議院外交事務委員會於3月發表報告[46]，指出從2016年立法會因宣誓事件褫奪了已獲選議員的資格起，發展至這次的修例爭議，均顯示香港的自治權正逐漸削弱，「一國兩制」逐漸走向「一國1.5制」；下議院在4月中更就修訂條例等政治事件進行緊急質詢，關注修例是否會影響英國國民，以及英國與香港之間的引渡協議。到了5月尾，英國和加拿大政府發表聯合聲明[47]，擔心修例會影響在香港的英國及加拿大公民，以及香港的營商環境和國際地位。而歐洲聯盟香港辦事處也在5月24日向香港政府發出外交照會（demarche）[48]，抗議香港政府強推修訂。

不過，以上各國政府及團體表達對修例的關注，均引起中國外交部、中聯辦、港府與建制派等強烈不滿，強調香港事務是中國內政，不容有關外國機構干涉、抹黑。例如，港區人大就公開批評唐偉康的言論，要求他向全國中人民道歉[49]；中聯辦主任王志民回應USCC報告書時亦認定西方想藉修訂針對中國[50]；中國外交部發言人陸慷回應歐盟香港辦事處時則指責少數外國政府企圖將問題政治化、大造文章[51]，明顯干涉中國內政。

本章註

[1] 二十個司法管轄區包括澳洲、加拿大、捷克、法國、芬蘭、德國、印度、印尼、愛爾蘭、馬來西亞、荷蘭、新西蘭（紐西蘭）、菲律賓、葡萄牙、大韓民國、新加坡、南非、斯里蘭卡、英國及美國。

[2] 〈港青涉臺灣殺女友未能移交 死者母支持堵法律漏洞 民建聯撐修例〉，取自《明報》網站：https://bit.ly/2YRQRga，2019年2月12日。

[3] 〈行政長官於行政會議前會見傳媒開場發言和答問內容〉，取自香港特別行政區政府新聞公報網站：https://www.info.gov.hk/gia/general/201902/19/P2019021900523.htm，2019年2月19日。

[4] 〈政府倡修例移交逃犯大律師公會：暗渡陳倉、違背承諾影響重大廣泛〉，取自《眾新聞》網站：https://bit.ly/335iaX0，2019年3月4日。

5 〈大律師公會憂移交逃犯修例損港法治〉，取自香港《大紀元》網站：https://hk.epochtimes.com/news/2019-03-05/31317363，2019年3月5日。

6 Same《2019年逃犯及刑事事宜相互法律協助法例 年逃犯及刑事事宜相互法律協助法例（修訂）條例草案》https://www.legco.gov.hk/yr18-19/chinese/bills/brief/b201903291_brf.pdf

7 李先知商界怕移交李家超跑商會急解畫 https://news.mingpao.com/pns/%E8%A7%80%E9%BB%9E/article/20190307/s00012/1551896868881/%E8%81%9E%E9%A2%A8%E7%AD%86-%E5%95%86%E7%95%8C%E6%80%95%E7%A7%BB%E4%BA%A4-%E6%9D%8E%E5%AE%B6%E8%B6%85%E8%B7%91%E5%95%86%E6%9C%83%E6%80%A5%E8%A7%A3%E7%95%AB-%E6%96%87-%E6%9D%8E%E5%85%88%E7%9F%A5

8 九項商業行包括：一）破產法；二）公司法律罪行；三）證券、期貨；四）知識產權版權、商標法；五）環境污染；六、貨物資金進出口；七、非法使用電腦；八）課稅、關稅；九）虛假商品說明。
香港立法會，《2019年逃犯及刑事事宜相互法律協助法例（修訂）條例草案》，網址：https://www.legco.gov.hk/yr18-19/chinese/bills/b201903291.pdf，3月29日。

9 總商會：修訂逃犯條例釋除公眾疑慮。

10 廠商會歡迎《逃犯條例》修例草案。

11 〈民主派號召3.31上街抗爭〉，《蘋果日報》3月28日。

12 涂謹申，〈引渡惡法惡過23條〉，取自《蘋果日報》網站：https://hk.news.appledaily.com/local/daily/article/20190329/20643939，3月29日。

13 〈遊行反修例聲響 民陣擬發動圍立會 大會稱1.2萬人 警稱高峰時5200〉，《明報》4月1日。

14 「反對引渡條例修訂抗議行動聲明」，4月17日，民陣。

15 am730：遊行促撤修訂逃犯條例，民陣：倘硬闖或團立會，4月1日a04；林榮基其後在4月25日抵達臺灣，準備在當地定居，獲臨時簽證一個月，之後獲臺灣當局延長。

16 〈特首：一視同仁處理逃犯移交〉，取自香港政府新聞網：https://www.news.gov.hk/chi/2019/04/20190401/20190401_105308_729.html，2019年4月1日。

17 〈聯署聲明：多個傳媒工會、組織及機構反對《逃犯條例》修訂；憂慮帶來寒蟬效應威脅記者人身安全。〉

18 〈資深中國組記者：國際傳媒考慮將亞太區總部撤出香港〉，《眾新聞》4月8日。

19 〈【移交逃犯擬修例】大律師公會：政府「漏洞論」誤導剔罪保障商人屬假象〉，取自《明報》網站：https://bit.ly/2GQIxYD，2019年4月2日。

20 〈【逃犯條例】反修例遊行民陣稱13萬人參加警方：最高峰22,800人〉，取自《明報》網站：https://bit.ly/2ZgoOr0，2019年4月28日。

21 陳同佳洗錢囚29月，最快10月可獲釋。

22　香港法例在立法會通過的程序請參考：https://www.legco.gov.hk/general/chinese/bills/bill_1620.htm

23　沙半山，〈【逃犯條例】建制擬廢最資深議員主持會議規定為23條鋪路？〉，取自《香港01》網站：https://bit.ly/30B6rgO，2019年5月3日。

24　〈【逃犯條例委員會】秘書處要求書面投票是否換主持 涂謹申：越權、要求收回通告〉，取自《立場新聞》網站：https://bit.ly/2M3TM1J

25　〈【逃犯條例委員會】秘書處要求書面投票是否換主持 涂謹申：越權、要求收回通告〉，取自《立場新聞》網站：https://bit.ly/2M3TM1J

26　〈泛民自行選涂謹申任主席 秘書處、政府認石禮謙主持逃犯例 委會「鬧雙胞」周六同時開會〉，取自《明報》網站：https://bit.ly/2YVAdw3，2019年5月7日。

27　李以莊、何曉勤、劉頌陽，〈【反修例風暴透視】草案委會雙胞 泛民建制衝突 高官解說無力 民怨雪球滾大〉，取自《明報》網站：https://bit.ly/2Z1ARbq，2019年7月18日。

28　（https://www.hkcnews.com/article/20900/逃犯條例-李家超-引渡修例-20902/【引渡修例】政府提6項「額外措施」-大律師、中小企、社福機構：無法釋除對內地司法制度疑慮）

29　〈【引渡修例】政府提6項「額外措施」 大律師、中小企、社福機構：無法釋除對內地司法制度疑慮〉，取自《眾新聞》網站：https://bit.ly/2XkKG3u，2019年5月31日。

30　〈【引渡修例】大律師公會第三度發聲明：特區政府難以拒絕中央移交要求〉，取自《眾新聞》網站：https://bit.ly/32YJmGA，2019年6月6日。

31　〈《逃犯條例》修訂各界方案可行性比較〉，取自傳真社網站：https://bit.ly/2YpjPqN，2019年5月24日。

32　〈【逃犯條例】建制否決邀請大律師公會出席會議 民主派五項臨時動議全遭否決〉，取自《立場新聞》網站：https://bit.ly/2K9ZL2A，2019年6月1日。

33　【逃犯條例】逾七成中學校友聯署反修例 白宮聯署已破10萬 美國須回應。

34　【反引渡修例聯署合集】

35　【逃犯條例】李家超稱法律界不了解逃犯例運作法律界選委聯署促政府會面「開導誤解」（23:29）

36　《明報》【逃犯條例】法律界選委邀面談 特首辦回信沒答應安排（16:57）。

37　6月6日香港大律師公會針對《2019年逃犯及刑事事宜相互法律協助法例（修訂）條例草案》的補充意見書。

38　香港擬修引渡條例陸委會：簽司法互助協議才能解決問題。

39　〈會晤泛民 時代力量：唇亡齒寒〉，《蘋果日報》呂浩然，3月8日。

40　譚惠珠：修逃犯例非中央要求 稱「臺灣提出」 陸委會斥「一派胡言」，《明報》港聞a08，3月8日。

41　頭條日報4月12日，【逃犯條例】李家超指已約見台方 陸委會：港府至今拒會面。

42 【逃犯條例】陸委會：即使通過修例臺灣亦不同意移交陳同佳（23:15）。

43 Transcript of Consul General Kurt Tong's TVB Straight Talk interview with Michael Chugani https://hk.usconsulate.gov/sp-2019022601/

44 Hong Kong's Proposed Extradition Bill Could Extend Beijing's Coercive Reach: Risks for the United States

45 聯署議員分別是英國上議院議員大衛阿爾頓（David Alton）、英國下議院議員兼自由民主黨黨鞭卡邁克爾（Alistair Carmichael）、德國議員Katrin Göring-Eckardt、加拿大議員兼副影子外交大臣Garnett Genuis、馬來西亞議員兼「東盟人權議員組織」（ASEAN Parliamentarians for Human Rights）主席查爾斯聖地亞哥（Charles Santiago）、代表奧地利的歐洲議會議員Josef Weidenholzer、7名美國眾議員及1名美國參議員。

46 China and the Rules-Based International System, House of Commons Foreign Affairs Committee

47 530 Proposed extradition law changes in Hong Kong: UK and Canada joint statement

48 歐盟配有28個成員國，外交照會指兩地交涉時，其中一方就某件重要議題向對方提出的正式表態，這是歐盟首次向香港提出外交照會。

49 陳勇促美國駐港總領事唐偉康向全中國人道歉（18:07）。

50 香港經濟日報 2019-05-18 A14｜政情｜By 李淇。王志民：中央挺港修例如大國博弈。

51 http://www.locpg.gov.cn/jsdt/2019-05-27/c_1124548753.htm

6月9日：

1989年後的首次百萬人遊行

引渡條例的修訂引起各界爭議，民陣雖然先後於3月及4月發起兩次反修例遊行，法律界亦多次提交意見書及發起法律界遊行，惟政府仍然堅持修例，更繞過立法會法案委員會，將法案直接提交內務委員會審議，直接進行二讀。

民陣於是發起6月9日第三次反修例遊行，逾103萬人上街，是繼1989年後香港首次破百萬人上街遊行。本次遊行的參加者橫跨各界，包含法律、會計、教育以及藝文等專業界別，從年輕男女、中老年乃至家庭主婦都走上街頭[1]，反映港人對修例關注之廣，民怨之深。

百萬人遊行的醞釀：各界聯署及罷市

遊行前夕，學界及社會各界積極發起反修例聯署，學界多達343個中學群組、33個大專群組及8個小學群組聯署[2]，另有超過3,000名香港大學畢業生以報紙全版廣告要求「反對謊言施政，撤回引渡惡法」。[3] 教協方面也積極呼籲全港教師參與6月9日的遊行。[4] 在商界及民間，逾320個反修例聯署群組出現[5]，超過60間店舖宣布將於遊行當天罷市。[6] 傳統來說較爲保守的宗教團體如香港浸信會聯會亦發出聲明，引用《聖經》，形容修例是「刀劍快將臨到」和「邪惡」；宣道會香港區聯會亦以聲明指出：「當行善者也懼怕政府之施政，施政者宜反躬自省是否已違公義原則。」[7]

同時，海外亦有大量聯署，其中「白宮聯署」突破十萬人，依規定美國須回應港人訴求；加拿大、英國及澳洲港人，[8] 還有英國牛津大學、劍橋大學，以及本地多間國際學校亦紛紛加入聯署。[9] 德國有學生聯署發起人認爲，修例一旦通過將令更多留學生畢業後不願回港發展。[10] 國際特赦組織等70間本地及國際人權組織和非政府組織共同簽署公開信反對修例，認爲修例將針對異見人士、人權捍衛者及記者等，嚴重侵犯人權，將「變相令香港變成中國大陸一樣」。[11]

相對地，多名政協與商界代表成立「保公義撐修例大聯盟」，聲稱收集到超過22萬市民聯署，認爲「主流民意」支持修例。[12]

遊行人士眾多，佔滿行車道。

　　在一片反對聲中，律政司司長鄭若驊在6月7日藉網誌堅持香港必須透過「無地域限制的執法和司法合作」，才可以徹底解決跨境犯罪問題；教育局局長楊潤雄則認為遊行危險，呼籲教師應「避免帶學生到可能面臨危險的地方」。[13]

6/9的日與夜

　　在遊行當日，民陣以遊行人士眾多為由，建議以東角道為遊行起點，並要求警方開放更多行車線[14]。惟警方態度強硬且堅拒讓步，堅持遊行須由維多利亞公園（簡稱維園）草地出發，並一直拒絕重開會議商討，拒絕與民陣溝通或接受任何建議。警方直接發出不反對通知書，強逼民陣以維園草地為起點，民陣直斥警方「大石砸死蟹」。[15] 由於警方堅拒合作，遊行仍然以銅鑼灣維園草地為起點，並以金鐘的政府總部、立法會綜合大樓為終點。6月9日下午，遊行人數超乎預期，大會原定下午3時出發，但還沒到3時，維園草地已站滿人群，民陣於是較原定時間提早40分鐘出發。[16]

有市民行動不便依然走上街頭表示對政府的不滿。

　　遊行起步初期，民主黨創黨主席李柱銘、前立法會議員吳靄儀、歌手何韻詩及黃耀明，以及傳媒人黎智英等各界人士拉起大型「反送中」橫額，沿途大喊「反送中、撤惡法、林鄭下台」口號，為遊行隊伍領路。[17] 遊行隊伍多次高呼口號，要求特首下台及撤回修例，遊行途中有住戶及商店掛上直幡及標語反對修例。[18] 下午3時左右，還在等待出發的遊行人士早已擠滿了維園一帶，但警方仍然堅拒開放維園足球場並阻止市民前進，遊行隊伍只能極緩慢地往前推進，有市民開始鼓譟並高呼「警察開路、警察可恥」。約三時半警方才開放維園足球場，讓遊行人士得以從足球場位置出發。[19]

　　由於人流過多，港鐵多個車站閘門一度關閉，更有車站因月台過於擠迫，列車一度不能停站，也有車站實施人流管制措施。[20] 到下午五時，不少市民只能從距離維園更遠的車站徒步前往維園，[21] 等待出發的人流更一度延伸至距離維園四、五個站外的地區。維港對岸的尖沙咀天星碼頭也出現長長人龍。[22]

　　當天，遊行人士一共佔據六條行車路，從白天走到黑夜，直至晚上十時多左右，隊尾才完全抵達終點。[23] 參與6月9日大遊行的團體數目及種類前所未有地多，有組織帶領無家者、基層新移民、基層長者、家庭主婦及其子女參與遊行。[24] 亦有不少參加者為首次遊行的「首行族」，還有許多專業人士和宗教界人士。大多市民出動一家大小，扶老攜幼參與遊行，可見六九大遊行跨越年齡、界別和族群。[25] 一位參與遊行的89歲黃伯自稱2003年首次上街，他強調：「香港人仲未死晒，仲有命就要發聲。（香港人仍未死盡，只要仍有生命就要發聲）」[26]

入夜後仍然有大量示威者聚集於金鐘。

自由
六月 ｜ 2019年
香港「反送中」與自由運動的開端

6月9日晚上，主辦方民陣宣布103萬人參與反修例遊行，人數遠超2003年近50萬人參與的七一遊行，[27] 亦為香港主權移交後遊行人數最高的一次，僅次於1989年香港聲援北京學生的五二八150萬人大遊行。[28] 而民陣最初只期望有30萬市民參與遊行，[29] 明顯反映市民對修例的強烈反對聲音超出任何人預期。民陣召集人岑子杰表示，任何一個地方有一百萬人上街，政府都應聽取民意撤回法案，更何況香港只有700萬人，即「每七個人有一個上街」[30]，更突顯百萬人遊行的重要意義。遊行人數是民意的直接反映，值得留意的是，遊行人數難以有絕對客觀的計算方式，我們只能從各方數據大概估算遊行人數，而警方估算的遊行人數往往與主辦方及民間組織有頗大差異，是警方其中一項為人詬病之處。

《蘋果日報》利用人工智能配合圖像分析技術，計算出遊行主路線其中一段至少有51萬人經過，但由於大量群眾不在主路線遊行，加上有民眾中途插隊，因此推算實際遊行人數只會比51萬更高。[31] 前立法會議員姚松炎估算遊行人數介乎86至138萬人之間，而警方則稱遊行最高峰期有24萬人。由前行政長官董建華成立的親建制組織「香港發展中心」則委託科大榮休教授雷鼎鳴計算人數，結果指遊行人數介乎15.3萬至20萬人。[32] 可見泛民和建制估算的遊行人數甚至可以有五至十倍差距。資深電視人蔡錦源批評，如果是民主派遊行，警方與主辦方估算的遊行人數差距通常大得「令人咋舌」，而支持政府的集會差距卻往往縮窄，「背後考量，不言而喻」，他更譴責警方只會因應遊行主題而「胡謅數字，誠信蕩然」[33]。姚松炎指出，雖然警方低估遊行人數的目的「不得而知」，但警方的遊行人數估算數字實在不可信[34]。

關於遊行的路線和人數計算可參網站：
https://graphics.reuters.com

103萬人遊行震驚國際，中國外交部發言人耿爽卻堅稱遊行沒有一百萬人參與，認為港府提出的24萬人數可信；耿爽又聲稱有「八十多萬香港市民參加支持修例大聯盟的活動」，顯示「主流民意支持修例」，然而，他又同時批評數字大小能代表民意的說法「並沒有很大說服力」。[35] 香港的6月9日103萬人遊行極速成為世界各地報章媒體，包括CNN[36]、路透社[37]及本地報章Hong Kong Free Press[38] 與《南華早報》[39] 等等的頭版及重點

報導。雖然遊行實際人數難以有定論，但當天拍攝的多張照片早在社交媒體瘋傳並成爲各地熱話，成爲了香港百萬人遊行的強烈印象。

6/9深夜清場行動

民陣在遊行隊伍抵達立法會後，呼籲市民參與「預演包圍立法會」行動，繞行立法會。泛民、「佔中三子」之一的朱耀明牧師、天主教香港教區榮休樞機主教陳日君等亦有參與其中並爲遊行人士打氣。[40] 約晚上8時15分，香港眾志、學生動源及香港獨立聯盟等組織發起圍堵立法會行動，呼籲遊行人士留守立法會，並要求與林鄭月娥對話，大批群眾響應並在金鐘夏愨道一帶聚集。近凌晨12時，示威者向立法會示威區推進，並與警方發生衝突，警方表示集會屬非法集會，要求所有人士離開，並多次施放胡椒噴霧。[41]

示威者一度嘗試衝擊立法會及堵塞道路，但被防暴警察驅散，於是向東西兩邊散開，分別往灣仔及中環方向前進，警方也持續圍捕。午夜的衝擊歷時約四個多小時，最後多名示威者被捕。[42]

▍示威者嘗試衝擊立法會。

反送中運動的遊行路線，大致是從維多利亞公園到政府總部，全程約三公里左右。這樣的距離相當於台北市從忠孝東路建國高架橋處走到總統府。

＊ 圖片來源及以上資訊請參見梁啟智：〈維園去政總的距離比較〉，感謝作者同意本書引用。

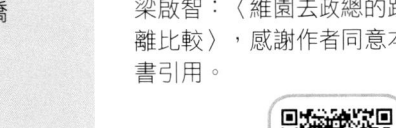

原始網頁：

　　遊行及清場期間，警察被指責多次粗暴對待記者，包括出手阻擋記者鏡頭、[43] 用閃燈阻止記者拍攝、將記者推向鐵馬、[44] 無理驅趕正在採訪的記者、[45] 辱罵記者為「垃圾」，[46] 甚至視瓶裝水為攻擊性武器而無理搜查。[47] 香港記者協會對上述事件嚴正抗議，批評警方罔顧新聞工作者安全，嚴重踐踏採訪權，促請警方嚴查事件並提供合理解釋。[48] 民權觀察亦嚴厲批評警方驅逐人權觀察員及記者的行為，認為有違《關於國家安全、言論自由和使用資訊的約翰尼斯堡原則》，即政府不應拒絕新聞記者或人權觀察員進入有可能發生違反人權，或正在發生暴力的地區。[49]

百萬人遊行以訴求失敗落幕

政府於遊行當晚11時許回應，指「認同並尊重市民對廣泛議題有不同的意見」，卻堅持「《條例草案》將於6月12日在立法會恢復二讀辯論。」[50] 同一時間，自由黨及新民黨亦發表聲明，重申支持修例[51]。繼6月9日晚上11點的政府聲明，特首林鄭月娥於10日及11日兩度回應遊行及條例二讀，她先指出遊行人數眾多，讚揚集會和遊行和平有序，但對衝擊立法會表示遺憾，強調將全面追究[52] 並拒絕下台，[53] 重申會於6月12日進行修例二讀。6月11日行政會議開會前，林鄭月娥表示因情況限制而未能把保障人權的條文加入修例中，提到政府將「做多些工作」來釋除公眾疑慮。[54] 至此，政府多次回應的中心思想依然未變：接受市民和平示威，譴責暴力行為，拒絕在修例中加入保障人權的條文，認為市民反對是出於對條文的不理解，可在日後多做解釋工作彌補。

政府堅持二讀令民間反應兩極，因此埋下6月12日衝突的種子。建制派譴責示威者衝擊立會並堅定支持修例，[55] 認為政府「不能退縮」。[56] 民間「保公義撐修例大聯盟」約20人將逾72萬人聯署信遞交予保安局副局長區志光。[57] 另一方面，泛民提出153項修正案，期望減緩修例通過速度。[58] 臺北律師公會繼4月9日表示不同意港府以「一個中國」為前提的引渡安排後[59] 再度發聲表示反對修例，指責港府的修例無法解決陳同佳案，對日後臺港之間的引渡亦無幫助，並表明與香港人同在。[60] 臺灣總統蔡英文一連兩天在網上回應遊行，指「港人的自由不再理所當然，過去驕傲的現代法制也逐步崩毀」，[61] 呼籲臺灣人繼續關注香港發展，一起撐香港並保衛臺灣。臺方態度令林鄭月娥所聲稱的修例「逼切性」和「必要性」備受質疑。

海外方面，6月9日全球各地多達12個國家共29個城市發起聲援香港的反修例集會，包括美國、加拿、英國、澳洲、德國、日本、臺灣、法國和丹麥等等。6月9日中午，在臺香港學生於臺北市政府前舉行反修例集會，早前因修例而流亡臺灣的銅鑼灣書店創辦人林榮基亦有參與；當日相近時間，臺北二二八公園亦有反修例祈禱集會。在澳洲雪梨，當地反送中集會多達3,000人參與聲援，加上墨爾本、布里斯班、堪培拉及珀斯在內等另外五個澳洲城市，共約5,000人參與。[62]

本章註

1. 〈【引渡惡法】歷史性 103萬人上街 反送中8小時未行完 破最長遊行紀錄〉，取自《蘋果日報》網站：https://hk.news.appledaily.com/local/realtime/article/20190609/59690687，2019年6月9日11:21。

2. 〈【逃犯條例】逾七成中學校友聯署反修例 白宮聯署已破10萬美國須回應〉，取自《明報》網站：https://bit.ly/2Y6KOHp，2019年6月3日。

3. 〈香港反《逃犯條例》修訂遊行周日舉行，高院法官罕有實名參與聯署〉，取自《端傳媒》網站：https://bit.ly/2XQGJTB，2019年6月8日。

4. 莊恭南，〈【逃犯條例】民陣6月第三次遊行 目標30萬人籲港人站同一陣線〉，取自《香港01》網站：https://bit.ly/2JAWsm3，2019年5月22日12:09。

5. 〈反修例聯署「遍地開花」逾320個牛津劍橋、師奶、航拍動漫愛好者加入〉，取自《眾新聞》網站：https://bit.ly/2xXjiO6，2019年5月30日18:16:51。

6. 〈【逃犯條例】再發起6月9日遊行反修例 民陣望號召30萬港人上街〉，取自《立場新聞》網站：https://bit.ly/2YFUKEE，2019年5月21日15:52。

7. 〈香港反《逃犯條例》修訂遊行周日舉行，高院法官罕有實名參與聯署〉，取自《端傳媒》網站：https://bit.ly/2XQGJTB，2019年6月8日。

8. 〈【逃犯條例】逾七成中學校友聯署反修例 白宮聯署已破10萬美國須回應〉，取自《明報》網站：https://bit.ly/2Y6KOHp，2019年6月3日14：14。

9. 〈反修例聯署「遍地開花」逾320個牛津劍橋、師奶、航拍動漫愛好者加入〉，取自《眾新聞》網站：https://bit.ly/2xXjiO6，2019年5月30日18:16:51。

10. 〈香港學生在德國聯署反修例 若通過後或有人不回港發展〉，取自香港電台網站：https://bit.ly/2XMQ3Nd，2019年6月3日07:41。

11. 彭毅詩，〈【逃犯條例】逾70人權及非政府組織聯署反對：變相令香港變成內地〉，取自《香港01》網站：https://bit.ly/2Lnxqsu，2019年6月7日16:14。

12. 〈建制派商界組大聯盟撐逃犯條例 稱主流民意支持修例〉，取自《立場新聞》網站：https://bit.ly/2LUmnGD，2019年5月10日17:43。

13. 〈香港反《逃犯條例》修訂遊行周日舉行，高院法官罕有實名參與聯署〉，取自《端傳媒》網站：https://bit.ly/2XQGJTB，2019年6月8日。

14. 〈警方要求6月9日遊行維園草地起步、拒開放東行線〉，取自《獨立媒體》網站民間人權陣線網誌： https://bit.ly/2GgUMM6，5月29日。

15. 〈反「送中」大遊行需維園草地出發對警方的做法深感憤怒〉，取自《獨立媒體》網站民間人權陣線網誌：https://bit.ly/2LruFXh，5月29日。

16. 香港人漂亮的固執1,030,000，取自《蘋果日報》網站：https://hk.news.appledaily.com/local/daily/article/20190610/20700277，2019年6月10日。

17. 〈香港人漂亮的固執 1,030,000〉，取自《蘋果日報》網站：https://bit.ly/2WKBK6i，

2019年6月10日。

18　〈反修例遊行大逼爆〉，取自《星島日報》網站：https://bit.ly/30G6QP5，2019年6月10日。

19　【逃犯條例】龍尾滯留維園市民鼓譟高呼開路 警方開球場紓人流，取自香港01網站，https://www.hk01.com/社會新聞/338528/逃犯條例-龍尾滯留維園-市民鼓譟高呼開路-警方開球場紓人流，2019年6月9日。

20　〈【6.9大遊行】銅鑼灣、中環、旺角、尖沙咀港鐵站均逼爆天后一度「飛站」〉，取自《立場新聞》網站：https://bit.ly/2YeUboq，2019年6月9日14:59。

21　林劍、李慧妍，〈【逃犯條例】港鐵銅鑼灣天后封站 炮台山變龍尾市民遠征入維園〉，取自《香港01》網站：https://bit.ly/2SnQ1FA，2019年6月9日18:16。

22　〈香港人漂亮的固執 1,030,000〉，取自《蘋果日報》網站：https://bit.ly/2WKBK6i，2019年6月10日。

23　Jenifer Creery, "Over a million attend Hong Kong demo against controversial extradition law, organisers say", HKFP, last modified 22:00, 9 June, 2019, https://bit.ly/2WsGVb5.

24　尹詩瑜、梁中勝，〈103萬港人上街反對《逃犯條例》修訂，創回歸後歷史新高〉，取自《端傳媒》網站：https://bit.ly/2XAaxEL，2019年6月9日。

25　香港人漂亮的固執1,030,000，取自《蘋果日報》網站：https://hk.news.appledaily.com/local/daily/article/20190610/20700277，2019年6月10日。

26　香港人漂亮的固執1,030,000，取自《蘋果日報》網站：https://hk.news.appledaily.com/local/daily/article/20190610/20700277，2019年6月10日。

27　蘇鑰機、陳素娟：〈如何統計「七一大遊行」人數〉，取自香港電台網站：https://app3.rthk.hk/mediadigest/content.php?aid=185，2003年7月15日。

28　王霜舟：〈抗議《逃犯條例》，香港爆發大規模遊行〉，取自紐約時報中文網網站：https://cn.nytimes.com/china/20190610/hong-kong-extradition-protest，2019年6月10日。

29　〈【逃犯條例】再發起6月9日遊行反修例 民陣望號召30萬港人上街〉，取自《立場新聞》：https://bit.ly/2YFUKEE，2019年5月21日15:52。

30　〈反修例遊行大逼爆〉，取自《星島日報》網站：https://bit.ly/30G6QP5，2019年6月10日。

31　〈警方勁低估遊行人數 AI銅鑼灣數人頭揭真・數據〉，取自《蘋果日報》網站：https://hk.news.appledaily.com/local/realtime/article/20190611/59697822，2019年6月11日。

32　白浪滔滔 民陣：百萬人上街反送中，取自《眾新聞》網站：https://www.hkcnews.com/article/21142/6月9日反送中大遊行-遊行-逃犯條例-21142/白浪滔滔-民陣：百萬人上街反送中?fbclid=IwAR0LNvcHesCWJ7b54e8O7XrjlKzlrxO-U-_

edfOrg9r3x2xh3ca_RtU_Xvo，2019年6月10日。

33　蔡錦源：〈遊行數字遊戲〉，取自立場新聞網站，https://thestandnews.com/politics/遊行數字遊戲/?fbclid=IwAR0cKc67jpfcq1RdGNpW1fezCzgM3iaR9iN1nBv1yrlkKdYXvbNmfzmoUUl，2019年5月6日。

34　姚松炎：〈點算遊行人數的簡化方程式〉，取自Vocus方格子網站：https://vocus.cc/eyanalysispoliecon/5cd10c26fd897800012a4dd6，2019年5月7日。

35　〈中央堅決反對外部勢力干涉港事務 外交部：主流民意支持修例〉，取自《東方日報》網站：https://bit.ly/2O15aOF，2019年6月11日。

36　James Griffiths, "More than 1 million protest in Hong Kong, organizers say, over Chinese extradition law," Cable News Network, last modified 10 June, 2019 13:25, https://edition.cnn.com/2019/06/08/asia/hong-kong-extradition-bill-protest-intl/index.html

37　Simon Scarr, Manas Sharma, Marco Hernandez and Vimvam Tong, "Measuring the masses The contentious issue of crowd counting in Hong Kong", Reuters Graphics, https://graphics.reuters.com/HONGKONG-EXTRADITION-PROTESTS/0100B01001H/index.html, 20 JUNE 2019

38　Jennifer Creery, "Over a million attend Hong Kong demo against controversial extradition law, organisers say," Hong Kong Free Press, last modified 9 June, 2019 22:00, https://www.hongkongfp.com/2019/06/09/just-no-china-extradition-tens-thousands-hong-kong-protest-controversial-new-law/.

39　"Hongkongers' march against the extradition bill," South China Morning Post, last modified 10 June, 2019, https://www.scmp.com/photos/3013867/hongkongers-march-against-extradition-bill.

40　〈反修例遊行大逼爆〉，取自《星島日報》網站：https://bit.ly/30G6QP5，2019年6月10日。

41　〈群眾夜攻立會與警血戰〉，取自《蘋果日報》網站：https://hk.news.appledaily.com/local/daily/article/20190610/20700168，2019年6月10日。

42　示威者霸佔灣仔及中環路面 多人被捕，取自Now新聞網站，https://web.archive.org/web/20170908141347/http://news.now.com/home/local?pageNo=1，2019年6月10日。

43　〈【6.9大遊行】多處突破警防線遊行隊伍終佔全部行車線 警擋《立場》記者鏡頭〉，取自《立場新聞》網站：https://bit.ly/2LZR3qe，2019年6月9日17:17。

44　〈記協嚴正抗議警方無理驅趕阻撓記者採訪工作〉，取自香港記者協會網站：https://bit.ly/2LXrXZ1，2019年6月10日。

45　〈【6.9大遊行】多處突破警防線遊行隊伍終佔全部行車線 警擋《立場》記者鏡頭〉，取自《立場新聞》網站：https://bit.ly/2LZR3qe，2019年6月9日17:17。

46　〈記協嚴正抗議警方無理驅趕阻撓記者採訪工作〉，取自香港記者協會網站：https://bit.ly/2LXrXZ1，2019年6月10日。

47　〈記協嚴正抗議警方無理驅趕阻撓記者採訪工作〉，取自香港記者協會網站：https://bit.ly/2LXrXZ1，2019年6月10日。

48　〈記協嚴正抗議警方無理驅趕阻撓記者採訪工作〉，取自香港記者協會網站：https://bit.ly/2LXrXZ1，2019年6月10日。

49　〈[新聞稿] 民權觀察回應警方驅逐人權觀察員及記者的行為（10-6-2019）〉，取自民權觀察網站：https://bit.ly/32BW91Q，2019年6月10日。

50　〈政府回應遊行〉，取自香港特區政府新聞公報網站：https://www.info.gov.hk/gia/general/201906/09/P2019060900579p.htm，2019年6月9日23:07。

51　〈【6.9大遊行】無視103萬民意自由黨、新民黨企硬撐修例〉，取自《立場新聞》網站：https://bit.ly/2JBtimG，2019年6月9日23:52。

52　〈行政長官會見傳媒開場發言〉，取自香港特區政府新聞公報網站：https://www.info.gov.hk/gia/general/201906/10/P2019061000607.htm，2019年6月10日15:42。

53　〈行政長官於行政會議前會見傳媒開場發言和答問內容〉，取自香港特區政府新聞公報網站：https://www.info.gov.hk/gia/general/201906/10/P2019061000680.htm，2019年6月10日16:56。

54　〈行政長官於行政會議前會見傳媒開場發言和答問內容〉，取自香港特區政府新聞公報網站：https://www.info.gov.hk/gia/general/201906/11/P2019061100558.htm，2019年6月11日13:56。

55　〈建制派強烈譴責暴徒衝擊立會〉，取自《東方日報》網站：https://orientaldaily.on.cc/cnt/news/20190611/00176_011.html，2019年6月11日。

56　〈黑惡須懲 黑白分明 72萬人聯署 撐修逃犯例〉，取自《東方日報》網站：https://orientaldaily.on.cc/cnt/news/20190610/00174_001.html，2019年6月10日。

57　〈港渝兩岸四地犯罪避風港 台學者支持修例堵漏洞〉，取自《東方日報》網站：https://orientaldaily.on.cc/cnt/news/20190610/00176_002.html，2019年6月10日。

58　〈泛民153修正案將獲批 勢再阻撓修例〉，取自《東方日報》網站：https://orientaldaily.on.cc/cnt/news/20190611/00176_015.html，2019年6月11日。

59　〈臺北律師公會 針對香港政府修訂引渡法之再次聲明〉，取自臺北律師公會網站：https://bit.ly/2XW3Kon，2019年6月9日。

60　〈臺北律師公會 針對香港政府修訂引渡法之再次聲明〉，取自臺北律師公會網站：https://bit.ly/2XW3Kon，2019年6月9日。

61　〈【逃犯條例‧反修例遊行】蔡英文：港人自由不再理所當然 臺北律師公會稱修例無法解決陳同佳案〉，取自《明報》網站：https://bit.ly/30HhRzl，2019年6月10日。

62 《103萬港人上街反對《逃犯條例》修訂，創回歸後歷史新高》，取自《端傳媒》
網站：https://theinitium.com/article/20190609-hongkong-extradition-bill-
protest-live/?utm_medium=copy，2019年6月9日。

6月12日：

市民與「暴徒」

民意的反撲

　　繼八九民運後，2019年6月9日香港再次出現百萬人遊行，甚至超過2003年七一遊行。事前的聯署、集會都隱隱預兆了這場「白浪」之大，但103萬上街人數仍遠超任何人估算。在香港各界堅決反對下，林鄭月娥依然無視主流民意，在6月9日晚發聲明堅持修例二讀，加上建制派奮力保駕護航，香港市民再次感受到自己在政治上的無力，間接引起當晚立法會外的警民衝突，亦激起6月12日民意更大的反撲。

三罷：罷工罷課罷市

　　為反對修例，網民發起6月12日週三罷工、罷市及罷課（簡稱三罷），多間公司及團體包括100毛、阿布泰國生活百貨、環保觸覺等均響應罷市，亦有團體如韋智達律師行等，照常開放但允許員工「良心罷工」。[1] 退休教師黃耀堃等四名前大學講師、教師及現職中學教師，在網上發起罷課聯署，呼籲教協即時考慮發起日內罷課，向特區政府施壓。[2] 中學校長會亦發表聲明，期望政府能暫緩立法，但不贊成師生罷課表達訴求。[3]

　　香港各大宗教團體身體力行支持反修例，並與社福界代表在6月10日聯合召開記者會表明反對立場。[4] 三間宗教團體——香港基督教教牧聯署籌委會、教牧關懷團聯同香港基督徒社關團契，自6月10日晚間開始，發起一連三日的72小時馬拉松式禱告會，呼籲港府建制派「轉軚」（編案：改變立場）或辭職，並呼籲信徒自發性到政府總部門外為香港前程禱告，希望能喚醒不關心政治的市民及政府官員、建制派議員的良知，盼他們一同反對修例及引咎辭職。籌備的牧師稱，當晚約有400人參與，亦有參與祈禱的中學生表示支持週三發起集會。[5] 6月11日晚，香港天主教大專聯會發起添馬公園徹夜祈禱會十二日，並邀請天主教徒及基督教徒攜帶白色鮮花到場放在公民廣場外或送予留守現場的學生，以示支持。數百名教友在政府總部外連續祈禱、唱聖詩長達九小時。在立法會的警民衝突中，逾十位牧師更手牽手隔開警察及留守的學生，以阻止警方對學生動武。[6] 不少教徒表示對修例沒有信心，擔心香港會失去宗教自由。一名中學生於補習後參與禱告會，他表示中國大陸施法制度不及香港完善，且更打壓宗教自由，他擔心日後

攜帶《聖經》到大陸也會受引渡到中國審判。亦有牧師攜同子女到場禱告，望子女能培養公民意識。[7]

6/11晚留守到6/12早上集結

六一二的三罷前夕，警方加緊行動阻止公民運動。6月11日傍晚，大批警員到金鐘進行大規模截查及搜身工作，甚至有警員強行衝入餐廳搜查市民隨身物品。警方的戒嚴式行動引起市民不滿，認為警方沒有權力在缺乏合理懷疑下搜查市民的隨身物品及身份證。大批市民聚集於金鐘站內聲援，呼口號要求警方撤離與道歉。多名立法會議員趕至現場監察警員行動，警員則回應他們的行動「合情合理合法」，不過只要「有人穿著黑色衣服便會搜身」，至九時許，警方才收隊撤退。立法會議員楊岳橋批評該行動不具必要性，認為警方製造恐慌多於維持治安。[8]

Telegram群組管理員被拘捕

即時通訊軟件Telegram保障私隱的功能備受信賴，有助防止用戶身份或對話內容外洩，因此在近年全球各地社會運動中均受示威者廣泛應用，包括臺灣的太陽花學運、香港2014年的雨傘運動及本次反修例運動。[9] 反修例運動參與者在Telegram建立了許多群組，包括戰術、物資、運輸、資訊、文宣、救傷及法援資訊等等以方便溝通，但警方同時緊密監控Telegram內容以了解反對者行動。[10]

6月11日晚上，Telegram「公海總谷」其中一位管理員在家中被捕，警方指他涉嫌干犯「串謀公眾妨擾罪」，並以搜查令要求入屋搜查及取得Telegram群組資料。然而，該名涉事管理員並沒有實質參與6月9日的百萬人遊行及其後的抗爭活動，他只曾在群組內轉發資訊，對於自己被捕感到詫異。[11]

611晚留守至日出

6月11日晚上10時起，大量群眾聚集立法會一帶，等待6月12日的日出來臨。

立法會秘書處於凌晨零時發出黃色警示，預期在立法會將有衝突發生。因應大量市民集結，警方派出重員到場，整夜不斷查核市民身份證，亦有大批持防暴

裝備警察進入立法會，立法會亦明顯加強保安。深夜1時左右，超過百名配備頭盔、長盾、圓盾的警察到公民廣場外駐守，他們築起逾六層防線並阻止議員進入立法會。

多名立法會議員參與留守，其中，議員兼民主黨主席胡志偉表示，為免6月9日相似的衝突重演，政府及中央應「懸崖勒馬」，立即停止修例。議員區諾軒則質疑警方不應在和平集會中持盾牌。議員鄺俊宇亦批評警方無視警察通例，阻礙議員進入立法會屬違法行為。

凌晨4、5時左右，警員換班後繼續駐守立法會外，亦有警員到金鐘及灣仔一帶繼續搜查車輛。立法會外仍有大批群眾聚集，有人高唱聖詩「Hallelujah」，亦有人派發物資如眼罩、保鮮紙及口罩等。

6月12日早上6時30分左右，日出。有人在立法會議員辦公室玻璃窗上張貼「反送中」三個大字，立法會外集會人士清晰可見[12]，「反送中」三字，彷彿象徵行動的開始。

市民於入夜後依然留守在立法會一帶。

6/12日間：佔領、衝擊、驅散

佔領行動開始

　　6月12日早上約8時，示威者開始佔領龍和道及夏愨道等金鐘要道[13]。幾乎同時，多名駕駛人士自發於金鐘道及紅棉道等金鐘主要幹道慢駛、「死火」（編案：汽車熄火），甚至引起輕微交通意外，以非暴力方式癱瘓交通。警方強烈譴

▌集會人士眾多。

責慢駛行動，並認為行動「不負責任」。[14] 為了響應示威者的非暴力抗爭，新巴職工會亦呼籲車長在當天以安全車速行駛[15]，九巴亦有類似行動。[16]

　　上午9時左右，警方於特首辦附近舉起「紅旗」示意將用武力清場，特別戰術小隊（俗稱「速龍」小隊）亦被調配到立法會正門準備鎮壓。早上10時起，過萬名示威者包圍立法會一帶。由於會議無法進行，11時左右，立法會主席梁君彥表示將延遲修例二讀，但由於未宣布「流會」，修例二讀仍可隨時重啓，被示威者視為政府的「緩兵之計」[17]。群眾因而不肯散去，聚集立法會一帶繼續與警方對峙。

衝擊到驅散

下午2時左右，示威者要求政府在下午3時前「撤回」修例，否則行動將會升級，不排除衝入立法會。[18]

下午3時半左右，添華道及夏慤道一帶發生衝突，警方數次舉紅旗。民陣召集人岑子杰呼籲受傷群眾到中信大廈一帶的和平示威區療傷，並希望警方不要攻擊和平示威區。[19]

下午近4時警民發生多次衝突，前線示威者突破警方防線並進入立法會示威區範圍[20]。警方開始使用大量武力驅散示威者，包括多達150枚催淚彈、20發布袋彈及數發橡膠子彈（未提供數字），多人中槍受傷，部分群眾被橡膠子彈擊中眼部，亦有被制伏的示威者不斷遭到警員以警棍毆打[21]。

1　示威者在過程中受傷流血。
2　警方以警棍指嚇示威者。
3　示威者嘗試澆熄催淚彈。

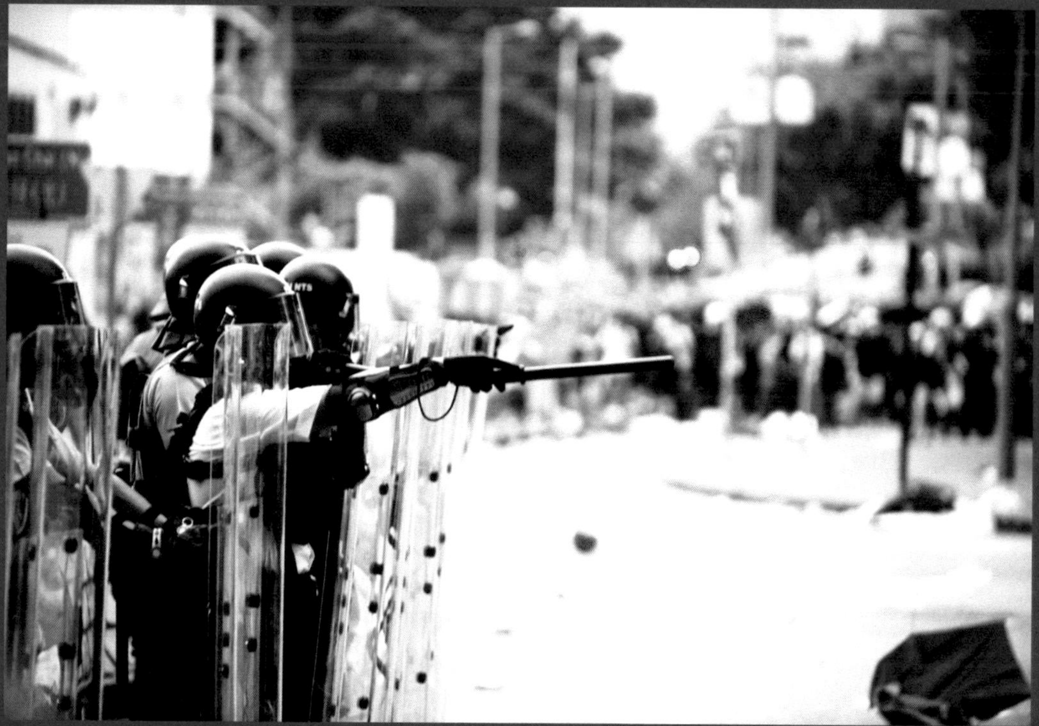

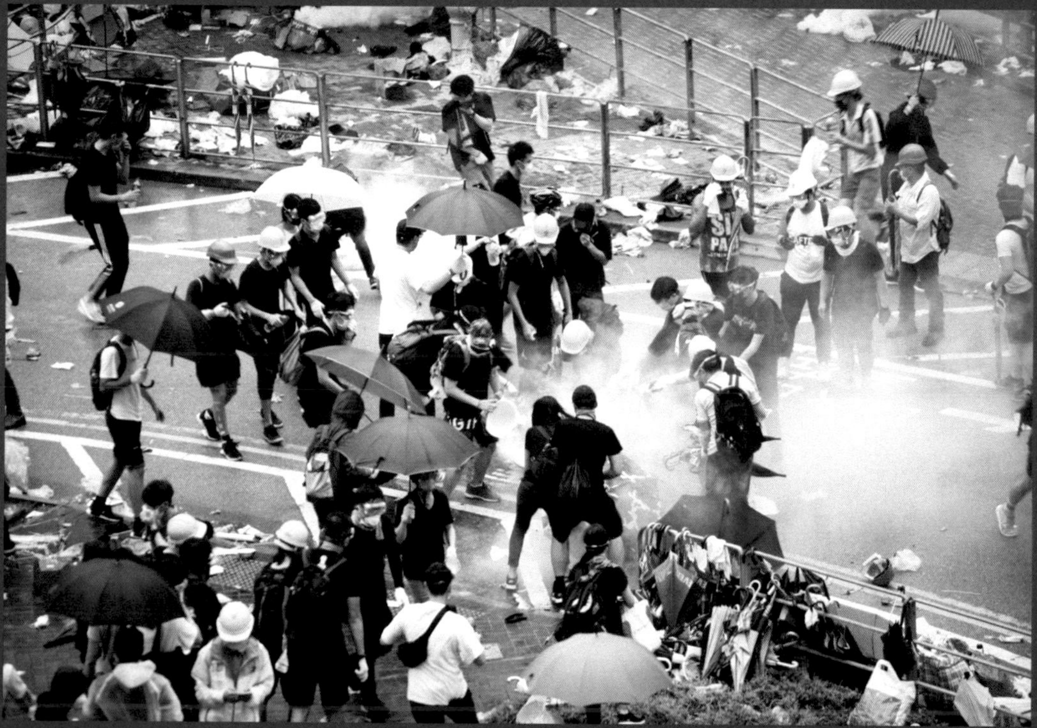

▌ 警方擺出架勢，準備攻擊示威者。

中信圍困事件

立法會一帶發生衝擊時，民陣於中信大廈的合法集會亦被警方施放催淚彈驅散，導致所謂的「中信圍困事件」。

民陣事前向警方申請並獲發「不反對通知書」，遂於龍匯道南的中信大廈外舉行集會。集會大台於當日早上10時運作，有民主派議員上台發言，吸引大批和平集會人士聚集，被視爲當天的「安全區」[22]。

下午4時07分起，警方在立法會道及添美道一帶大量施放催淚彈，而龍匯道一帶的防暴警察亦開始戴上防毒面罩準備驅散群眾。當時民陣大台司儀鍾勵君向警方表示：「民陣集會屬和平集會，警察無權驅趕」，而警方不理勸告，並在下午4時09分開始攻擊和平示威者[23]。

警方在沒有任何警告之下，向和平集會人士施放最少四發催淚彈。為躲避催淚彈，大批市民被迫湧入唯一一扇玻璃門進入中信大廈逃生（其它的玻璃門當時都是上鎖的）。警方甚至將催淚彈投射至人群中央，讓大批沒有防護裝備的市民無處可逃，令場面更加混亂。在場市民表示當時「不斷高聲呼救，情緒瀕臨崩潰」，不少人呼吸困難，甚至哮喘病發[24]。

防暴警察在中信大廈外兩面夾擊和平示威者，甚至瞄準身體發射催淚彈，有人被煙燻引致作嘔，有人被擊中手臂甚至頸部。有示威者表示當日被警方逼得無處可逃，「以為自己會就此死去」，而不少示威者事後「仍深受創傷，連夜被惡夢纏繞」[25]，亦有示威者認為在沒有人攻擊警察的情況下，警方使用大量武力是「虐待」，認為「那班警察真的想我們死！[26]」

1　警方施放催淚彈，市民只戴著手術口罩用手掩嘴，嘗試自保。
2　示威者擺起雨傘陣意圖抵擋催淚彈。
3　驅逐現場遺留下的自衛裝備，包括雨傘。
4　驅逐現場遺留下一副鏡片破裂的眼鏡。

1	2
3	4

有示威者意圖將催淚彈拋回警方方向。

　　「人民力量」前主席袁彌明認為，市民沒有抵抗橡膠子彈的裝備，當日香港有可能成為「六四翻版」[27]，建制派立法會議員何君堯則讚揚警隊向示威者及傳媒開槍的武力鎮壓方式勇敢又堅強，認為公眾「欠警隊一個大大的感謝」[28]。

　　6月19日的立法會大會上，有立法會議員質疑警方在「中信圍困事件」中的做法是「蓄意謀殺」[29]，而從不同角度對群眾施放催淚彈、左右夾擊的包抄式清場手法，更有機會釀成「人踩人」慘劇。保安局局長李家超回應，事件將交由投訴警察課調查並請監警會跟進[30]。

警方驅散，示威者分散至中環及灣仔

　　警方使用大量催淚彈及開槍驅散人群後，除了部分人仍然留在金鐘，不少示威者分別往灣仔及中環兩方面疏散。到晚上7時，金鐘及中環一帶仍有大批示威者聚集，不少市民下班後到場聲援[31]。

示威者於警察防線前針對警隊的驅逐行動進行質問。

市民孤身喝罵警方。

　　入夜後，警方繼續清場並和市民發生零星衝突。至晚上10時左右，仍有零星示威者在金鐘道大會堂一帶聚集。晚上11時，大批手持盾牌的警察在灣仔北天橋一帶與示威者對峙。而中環干諾道中一帶亦有示威者與警方對峙。在上述清場過程中，警方多次舉黑旗並繼續以催淚彈及橡膠子彈驅趕群眾。[32]

<table>
</table>

1		4	5
2	3		

1 警方舉出黑旗。
2 示威者在驅逐現場。
3 有人在地鐵留下零錢讓示威者可以購買車票,以免示威者
  使用八達通留下行蹤。
4 清場行動後,現場殘留的雨傘。
5 現場所見示威者使用的自衛工具。

　　灣仔警察總部對面的金鐘道和軒尼詩道直到晚上仍有過百名市民聚集,凌晨人數明顯減少,與軍器廠街天橋在凌晨時分恢復通車[33]。

　　清場大致完成後,警方開始之後的大規模搜捕行動。

6/12夜間到拘捕行動

6月12日下午金鐘衝突爆發後，警察到醫院大肆搜捕。

一時全港風聲鶴唳，謠言四起。醫護與病患關係因此蒙上陰影，醫護團體挺身指責醫院管理局高層和警隊。政府官員起初口徑不一，其後一致指稱六一二事件為「暴動」，令市民憤慨。有教育團體呼籲罷課以抗議政府漠視民意，也有網民發起不合作運動，試圖給社會各界帶來影響，從而迫使政府回應訴求。

全城陷入白色恐怖，醫護團體斥警隊防礙救護工作

據政府披露，金鐘衝突中有14人因吸入催淚煙感到不適、2人分別頭部和眼部受傷，現場接受治理。醫院管理局報告至少22人受傷送院[34]（截至6月13日晚上共81人受傷[35]），也有消息指出約60-70人因吸入催淚煙而到公立醫院求醫[36]，亦有傷勢較輕的示威者選擇自行到他區醫院求診。此外，有人表示當天醫院出現異常多的便衣警員，疑在場監視[37]。記者質詢警察在醫院內逐自拘捕，警務處處長盧偉聰以黑社會比喻示威人士，認為只要警員有合理懷疑，不論何時何地均可進行拘捕。[38]

有傷勢嚴重者被警方要求馬上轉到羈留病房，惟外科醫生考慮病人的身體狀況拒絕；有大學生求醫時向醫護人員透露曾到金鐘佔領區，隨即被警方以暴動罪拘捕；據傳也有傷者因為「傷口奇怪」而被護士主動通知駐院警員即時逮捕。據聞類似事件至少四宗[39]，令社會一時譁然，醫護信任蕩然無存。

醫管局職工總會認為此舉破壞市民對醫護的信任，呼籲醫院管理局立即停止侵犯病人私隱[40]；也有醫生在社交網站提醒市民，求醫時除了基本資料外，毋需向醫護人員交代受傷原因或地點。[41]醫院管理局於6月14日發聲明，指公立醫院以病人安全為首要考慮，不會受無關活動影響，也有既定機制處理執法人員索取病人資料的要求。[42]其後，杏林覺醒等六個醫學界和法律界組織與醫、衛、法界82名選委聯合發表聲明表示關注，並批評警方做法異常，敦促警員勿阻礙救護工作或在沒有法庭手令的情況下隨意向醫護人員索取病人資料。[43]

香港警察隊員佐級協會迅即發表聲明提出抗議，指該聲明反映聯署人士「對法例的無知」，並暗指求醫的示威者都是罪犯，故公眾安全應凌駕於病人權益之

上。該會又認為若無證據，該份聲明「只是捏造事實達到政治目的」，要求相關人士向所有在職警員道歉，更威脅撤走所有醫院警崗。[44]

港大學生會校園電視引述義務律師消息，指警方大規模搜捕示威者，以遊蕩罪為名拘捕，並要求搜屋，當中有人僅為前線人員運送物資[45]。在白色恐怖彌漫的氛圍下，網上一度流傳警察搜查港大宿舍、示威者死訊的傳言，後被證實均為謠言。[46]

此外，6月12日晚上9時左右，大約十名藝術家到尖沙咀碼頭準備靜坐聲援，結果被二十多名警察包圍盤查，但當他們要求警察出示證件時卻斷然遭拒。擾攘後警員離去，惟有便衣警員始終拒絕出示身份證明文件。截至23時，藝術家仍在碼頭討論香港未來，未有散去。[47]

「騷亂」還是「暴動」？暴力的是誰？

晚上8時許，特首林鄭月娥發表影片講話，否定事件為和平集會，並且指控示威者「有組織地發動暴動」，令「市民、記者傳媒、警察、公務員安危受嚴重威脅」，「不可能是愛護香港的行為」，在短短兩分多鐘的發言中三度使用「暴動」一詞[48]。她堅稱政府已多次積極回應反對修例的意見，卻沒有正面回應市民訴求，只強調「表達意見的方式有底線」、「激烈對抗絕非解決方法」，「若用激進暴力的手段就可以達到目的，這些場面只會愈演愈烈」，「傷害香港」[49]，繼續呼應她在電視專訪中「不應滿足年輕人任性要求」[50]的說法。

6月13日下午，警務處處長盧偉聰會見記者，證實已有11人（多為大學生，大部分在他區醫院被捕[51]）因為這場「騷亂」被捕、22名警員受傷[52]，並一改前天口風，把事件定性為「暴動」[53]。他譴責示威者暴力及挑釁警方，又認為前線警員是「受到生命威脅才迫不得已使用武力還擊」[54]。有記者質疑為何突然改稱「騷亂」為「暴動」，盧解釋是翻譯問題引致口誤，其原意是暴動。他又形容前天警方使用的都是「低殺傷力武器」，並強調警員有依從指引，惟「面對過萬示威者壓力非常大，只是使用相應武力已非常克制」，同時拒絕承諾不會出動實彈。[55]

部分記者戴上頭盔、眼罩等防護裝備赴記者會，抗議警隊在行動時暴力阻礙記者進行採訪工作。盧表示自己「對記者朋友最客氣」，但現場情況混亂[56]，強

調警方共安排了逾30名警員處理傳媒的現場求助，不會刻意針對記者行動[57]，又建議對警員不滿可報警讓警方跟進，希望大家包容體諒。[58]不過，盧偉聰並未解釋在警員不出示警員編號或證件的情況下，記者跟市民如何能夠投訴。

本章註

1 〈【逃犯條例】各界自發6‧12罷工罷市〉，取自《明報》網站：https://bit.ly/201GEwO，2019年6月11日。

2 〈【逃犯條例】有教師發動聯署稱獲逾3700人響應 籲教協即考慮發起日內罷課〉，取自《明報》網站：https://bit.ly/2ME2XaY，2019年6月11日。

3 〈【逃犯條例】中學校長會盼政府暫緩立法 不贊成師生罷課表達訴求〉，取自《明報》網站：https://bit.ly/2KfMOXs，2019年6月11日。

4 〈【引渡惡法‧三罷】逾50社福團體明罷工 宗教團體辦72小時馬拉松禱告會〉，取自《蘋果日報》網站，https://hk.news.appledaily.com/local/realtime/article/20190611/59701723，2019年6月10日。

5 〈【逃犯條例】基督教團體政總外辦72小時祈禱會 籲港府建制派轉軚或辭職〉，取自《明報》網站：https://bit.ly/2GitLrK，2019年6月10日。

6 【包圍立法會】逾10名牧師手牽手站在警方與示威者中間 盼警勿對學生動武，取自《經濟日報》網站，https://topick.hket.com/article/2374684/【包圍立法會】逾10名牧師手牽手站在警方與示威者中間盼警勿對學生動武，2019年6月12日。

7 〈【逃犯條例】基督教團體政總外辦72小時祈禱會 籲港府建制派轉軚或辭職〉，取自《明報》網站，https://news.mingpao.com/ins/港聞/article/20190610/s00001/1560180249296，2019年6月10日。

8 楊婉婷，魯嘉裕，黃迪雯，陳浩然【逃犯條例】冒雨準備集會 金鐘站氣氛緊張 多名青年被警搜身《香港01》，https://www.hk01.com/突發/339530/逃犯條例-冒雨準備集會-金鐘站氣氛緊張-多名青年被警搜身，2019年6月11日。

9 楊婉婷：〈【逃犯條例】Telegram「公海」22歲管理人涉串謀公眾妨擾罪被捕〉，取自《香港01》網站，https://www.hk01.com/突發/339987/逃犯條例-telegram-公海-22歲管理人-涉串謀公眾妨擾罪被捕，2019年6月12日。

10 〈警方大力追捕透過Telegram群組組織衝擊「公海總谷」群組管理員被捕〉，取自《巴士的報》網站，https://www.bastillepost.com/hongkong/article/4542201-警方大力追捕透過telegram群組組織衝擊-「公海總谷」群，2019年6月13日。

11 〈逾萬成員交流抗爭資訊Telegram「公海總谷」管理員涉公眾妨擾被捕〉，取自

《立場新聞》網站，https://thestandnews.com/politics/逾萬成員交流抗爭資訊-telegram-公海總谷-管理員-涉公眾妨擾被捕/，2019年6月12日。

12　【逃犯條例】6月11至14日局勢動態從佔領到清場一文全覽，取自《香港01》網站：https://www.hk01.com/政情/339557/逃犯條例-6月11至14日局勢動態-從佔領到清場一文全覽，2019/6/11。

13　〈【龍和道】防暴警狂放催淚彈示威者退守到摩天輪〉，取自《蘋果新聞》網站：https://hk.news.appledaily.com/local/realtime/article/20190611/59703817，2019/6/12。

14　〈【6.12佔領】「死火」「交通意外」多車堵主要幹道癱瘓金鐘警方譴責〉，取自《立場新聞》網站：https://thestandnews.com/politics/6-12-佔領-死火-交通意外-多車堵主要幹道癱瘓金鐘-警方譴責/，2019/6/12。

15　〈為搞事可以去到幾盡？職工盟屬下新巴工會吹雞龜速行車圖癱瘓港島？〉，取自《香港G報》網站：https://hkgpao.com/articles/1002936，2019/6/11。

16　〈【逃犯條例】新巴九巴工會籲明日按章工作按事態發展或有行動〉，取自《香港01》網站：https://www.hk01.com/社會新聞/339169/逃犯條例-新巴九巴工會籲明日按章工作-按事態發展或有行動，2019/6/11。

17　〈佔領金鐘！香港「反送中」萬人挺身，「暫時推遲」立法會二讀〉，取自《轉角國際》網站：https://global.udn.com/global_vision/story/8662/3865432，2019/6/12。

18　〈【6.12佔領】網傳示威者訴求促政府3時前撤修例否則不排除衝立法會〉，取自《立場新聞》網站：https://thestandnews.com/politics/6-12-佔領-網傳示威者訴求-促政府-3-時前撤修例-否則不排除衝立法會/，2019/6/12。

19　〈【龍和道】防暴警狂放催淚彈示威者退守到摩天輪〉，取自《蘋果新聞》網站：https://hk.news.appledaily.com/local/realtime/article/20190611/59703817，2019/6/12。

20　〈【6.12再定性·3】重組中信圍困噩夢一群「和理非」如何被警暴所傷〉，取自《立場新聞》網站：https://thestandnews.com/politics/6-12-再定性-3-重組中信圍困噩夢-一群-和理非-如何被警暴所傷/，2019/6/20。

21　陳蕾蕾、蔡正邦，〈【逃犯條例】催淚彈直射示威群眾 專家：驅散人群不應平射〉，取自《香港01》網站：https://www.hk01.com/突發/340159/逃犯條例-催淚彈直射示威群眾-專家-驅散人群不應平射，2019/6/13。

22　〈【6.12再定性·3】重組中信圍困噩夢一群「和理非」如何被警暴所傷〉，取自《立場新聞》網站：https://thestandnews.com/politics/6-12-再定性-3-重組中信圍困噩夢-一群-和理非-如何被警暴所傷/，2019/6/20。

23　〈【6.12再定性·3】重組中信圍困噩夢一群「和理非」如何被警暴所傷〉，取自《立場新聞》網站：https://thestandnews.com/politics/6-12-再定性-3-重組中信圍困噩夢-一群-和理非-如何被警暴所傷/，2019/6/20。

24 立場報道，〈【睇片】短片證警6.12狂射催淚彈夾擊中信大廈民眾被圍無處可逃〉，取自《立場新聞》網站，https://thestandnews.com/politics/睇片-短片證警-6-12-狂射催淚彈夾擊中信大廈-民眾被圍無處可逃/

25 〈【6.12再定性 · 3】重組中信圍困噩夢一群「和理非」如何被警暴所傷〉，取自《立場新聞》網站：https://thestandnews.com/politics/6-12-再定性-3-重組中信圍困噩夢-一群-和理非-如何被警暴所傷/，2019/6/20。

26 梁文賢：〈【6.12反送中集會】中信門前催淚彈亂投和平示威情侶亂中失散〉，取自《明周文化》網站：https://www.mpweekly.com/culture/612-反送中-罷市-113582，2019/6/20。

27 〈【引渡惡法】警方發射布袋彈清場袁彌明：今晚香港好可能變成六四翻版〉，取自《蘋果新聞》網站：https://hk.entertainment.appledaily.com/enews/realtime/article/20190612/59708138，2019/6/12。

28 〈【引渡惡法】警6.12槍打頭何君堯讚夠勇：我們欠大大感謝〉，取自《蘋果新聞》網站：https://hk.news.appledaily.com/local/realtime/article/20190630/59772657，2019/6/30。

29 〈【6.12再定性 · 3】重組中信圍困噩夢一群「和理非」如何被警暴所傷〉，取自《立場新聞》網站：https://thestandnews.com/politics/6-12-再定性-3-重組中信圍困噩夢-一群-和理非-如何被警暴所傷/，2019/6/20。

30 〈警方中信外驅散人群手法遭批評險釀慘劇〉，取自《now新聞》網站：https://news.now.com/home/local/player?newsId=352343，2019/6/19。

31 〈示威者仍在金鐘中環聚集有市民下班後到場聲援〉，取自《香港電台》網站：https://news.rthk.hk/rthk/ch/component/k2/1462412-20190612.htm，2019/6/12。

32 〈【包圍立法會】凌晨過後衝突未止戰線由灣仔伸延至中環〉，取自《Topick》網站：https://topick.hket.com/article/2375327/【包圍立法會】凌晨過後衝突未止%E3%80%80戰線由灣仔伸延至中環，2019/06/13。

33 〈灣仔警察總部外聚集人數明顯減少附近多條街道重開〉，取自《香港電台》網站：https://news.rthk.hk/rthk/ch/component/k2/1462495-20190613.htm，2019/6/13。

34 〈【6.12佔領】醫管局指至少22人受傷送院網傳示威者吐血片〉，取自《立場新聞》網站：https://thestandnews.com/politics/6-12-佔領-醫管局指至少-22-人受傷送院-網傳示威者吐血片/，2019/6/12。

35 〈白色恐怖彌漫誤傳港大宿舍被搜、有示威者死亡〉，取自《獨立媒體》網站：https://www.inmediahk.net/node/1064797，2019/6/14。

36 〈【逃犯條例】四示威者醫院被捕城大浸大生求診被扣〉，取自《香港01》網站：https://www.hk01.com/突發/340319/逃犯條例-四示威者醫院被捕-城大浸大生求

診被扣，2019/6/13。

37 〈【引渡惡法】便衣警監視公院女拔老師跨區求醫透露金鐘受傷即被捕〉，取自《蘋果新聞》網站：https://hk.news.appledaily.com/local/realtime/article/20190613/59709823，2019/6/13。

38 〈警醫院拉人搞白色恐怖〉，取自《蘋果新聞》網站：https://hk.news.appledaily.com/local/daily/article/20190614/20703824，2019/6/14。

39 〈警醫院拉人搞白色恐怖〉，取自《蘋果新聞》網站：https://hk.news.appledaily.com/local/daily/article/20190614/20703824，2019/6/14。

40 〈【引渡惡法】城大生公院求診被捕醫護工會批醫管局洩病人資料侵犯私隱〉，取自《蘋果新聞》網站：https://hk.news.appledaily.com/local/realtime/article/20190615/59719431，2019/6/15。

41 〈【引渡惡法】便衣警監視公院女拔老師跨區求醫透露金鐘受傷即被捕〉，取自《蘋果新聞》網站：https://hk.news.appledaily.com/local/realtime/article/20190613/59709823，2019/6/13。

42 〈警方醫院拘捕受傷示威者醫管局稱致力保障病人私隱〉，取自《熱血時報》網站：https://www.passiontimes.hk/article/06-14-2019/53650，2019/6/14。

43 杏林覺醒：《醫學界、衛生服務界、法律界聯合聲明務請警員勿阻礙救護工作及尊重病人私隱》，取自Facebook：https://www.facebook.com/enlightenedhealers/posts/2202199919897866/，2019/6/23。

44 〈【逃犯條例】抗議醫護法律82選委聲明警察員佐級協會：如認為警員阻礙他們工作請撤銷所有醫院警崗〉，取自《明報新聞網》：https://news.mingpao.com/ins/逃犯條例/article/20190626/special/1561514201952，2019/6/26。

45 〈【反送中】城大生在伊院求診期間被警方以涉暴動罪拘捕〉，取自《Topick》網站：https://topick.hket.com/article/2375832/【反送中】城大生在伊院求診期間%E3%80%80被警方以涉暴動罪拘捕，2019/6/13。

46 〈白色恐怖彌漫誤傳港大宿舍被搜、有示威者死亡〉，取自《獨立媒體》網站：https://www.inmediahk.net/node/1064797，2019/6/14。

47 〈【6.12佔領】尖沙咀碼頭靜坐抗議十藝術家遭二十警查身份證〉，取自《立場新聞》網站：https://thestandnews.com/politics/6-12-佔領-尖沙咀碼頭靜坐抗議-十藝術家遭二十警查身份證/，2019/6/12。

48 〈【逃犯條例】三指金鐘衝突為「暴動」林鄭6.12晚電視講話全文〉，取自《香港01》網站：https://www.hk01.com/社會新聞/339966/逃犯條例-三指金鐘衝突為-暴動-林鄭6.12晚電視講話全文，2019/6/12。

49 〈【6.12佔領】林鄭發表影片講話強烈譴責「暴動行為」市民應遠離暴力〉，取自《立場新聞》網站：https://thestandnews.com/politics/6-12-佔領-林鄭發表影片講話-定性有組織-暴動行為-未提撤回草案/，2019/6/12。

50 〈【TVB專訪】重申不撤修例林鄭以母子關係比喻稱不應滿足年輕人任性要求〉，取自《立場新聞》網站：https://thestandnews.com/politics/tvb-專訪-重申不撤修例-林鄭以母子關係比喻-稱不應滿足年輕人任性要求/，2019/6/12。

51 〈警醫院拉人搞白色恐怖〉，取自《蘋果日報》網站：https://hk.news.appledaily.com/local/daily/article/20190614/20703824，2019/6/14。

52 〈【6.12佔領】盧偉聰：「暴動」已拘11人發射數枚橡膠彈150催淚彈僅「低殺傷力武器」〉，取自《立場新聞》網站：https://thestandnews.com/politics/6-12-佔領-盧偉聰-已拘-11-人-警僅用-低殺傷力武器-記者戴頭盔抗議警暴阻採訪/，2019/6/13。

53 〈【6.12佔領】昨指「騷亂」後改口「暴動」盧偉聰：翻譯得唔好定性由警決定〉，取自《立場新聞》網站：https://thestandnews.com/politics/6-12-佔領-昨指-騷亂-後改口-暴動-盧偉聰-翻譯得唔好-定性由警決定/，2019/6/13。

54 〈盧偉聰：警方容忍克制武器使用合理〉，取自《文匯報》網站：http://v.wenweipo.com/detail.php?vid=19092，2019/6/13。

55 〈20發布袋彈數發橡膠彈150枚催淚彈「全部都係低殺傷力武器」克警之首可恥〉，取自《蘋果新聞》網站：https://hk.news.appledaily.com/local/daily/article/20190614/20703837，2019/6/14。

56 〈【6.12佔領】盧偉聰：「暴動」已拘11人發射數枚橡膠彈150催淚彈僅「低殺傷力武器」〉，取自《立場新聞》網站：https://thestandnews.com/politics/6-12-佔領-盧偉聰-已拘-11-人-警僅用-低殺傷力武器-記者戴頭盔抗議警暴阻採訪/，2019/6/13。

57 〈盧偉聰：警方使用武力對等適當不會針對記者〉，取自《大公網》：http://www.takungpao.com.hk/hongkong/text/2019/0613/302721.html，2019/6/13。

58 【影片】ww：〈金鐘「暴動」翌日2019年6月13日警務處長盧偉聰見記者〉，來源：香港電台，取自Youtube網站：https://www.youtube.com/watch?v=_Ugl3z-SKj4，2019/6/13。

6月16日：

200萬＋1人的遊行

6/12後各方的反應

六一二的示威活動，以警民爆發激烈衝突、近80人受傷告終。這次衝突使原已相當緊繃的社會氣氛更趨惡劣，觸發各界紛紛作出聲明或行動，促請政府盡快撤回修例以穩定社會氣氛。

香港教育專業人員協會（簡稱教協）於6月12日宣布，因應社會氣氛急劇惡化，將於該週發動全港罷課，呼籲大專、中小學教師參與罷課行動。[1]教育局對教協的呼籲表達堅決反對，認為學校與未成年學生不應跟政治漩渦扯上關係，並以安全為由呼籲學生遠離示威區域。除了教育局以外，香港教育工作者聯會（簡稱教聯）和十八區家長教師會等數個親中組織亦公開反對罷課，質疑教協此舉有違教師專業。[2]

同日，7位政府前副局長及政治助理發起聯署，指方案爭議性極大，懇請特首林鄭月娥及早撤回方案從長計議，聆聽各方意見，尤其法律界的建議，再作討論。[3]其後另有27名前高官、前立法會議員及前公職人員發起「愛護及服務香港的人聯署」，呼籲特首撤回修方案，當中更包括前政務司司長陳方安生、前憲制事務司施祖祥、保安局前局長黎慶寧、前立法局主席黃宏發、前港區全國人大代表朱幼麟、前行政立法兩局議員李鵬飛、通訊局前主席何沛謙、前立法會議員余若薇、吳靄儀、李柱銘、梁家傑等人。[4]

另外，當晚有網民提議發起不合作運動。次日早上的上班高峰時間，港鐵觀塘線頻頻發生車廂內有乘客求助、發生輕微爭執等小型事故。港鐵職員和現場警察分別以拉扯和抬離現場應對部分涉事市民，觀塘站更有警員手持圓盾戒備。[5]

耐人尋味的是，6月12日下午，中國外交部發言人耿爽曾表示「中央政府將繼續堅定支持香港特區政府推進修例的工作」。[6]然而中國駐英大使在英國時間6月12日晚上（即香港時間6月13日凌晨）接受英國廣播公司（BBC）專訪談及香港的修例爭議時，則指媒體「把事件曲解成香港政府修例是受中央政府指使的。事實上，中央從未指示香港修例，此次修例是香港政府自己發起的，起因是一起發生在臺灣的凶殺案。」[7]這次訪問引發各界多種揣測，當中不乏有人詮釋為中共政府試圖跟特首劃清界線，例如《蘋果日報》就以「中國駐英大使割席」為題報導此事。[8]

同一時間，遠在大海另一端，美國總統川普（Donald J. Trump）受訪被問到對香港現況的看法時，表示「希望對中國和香港來說，所有事情都能解決。」而民主黨籍國會眾議員麥克高文（Jim McGovern）則立場更清晰地表示，參眾兩院、民主及共和黨多位議員已達成共識，認為香港的民主情況岌岌可危，國會將會發聲明支持香港示威群眾，譴責香港政府不顧民意地強推修例；又提及兩黨議員將會於近日重新提出《香港人權及民主法案》（Hong Kong Human Rights and Democracy Act）。[9]此法案於2017年由共和黨參議員魯比奧（Marco Rubio）和科頓（Tom Cotton）提出，用以監察香港地區的人權和政制發展。根據這項法案，美國如要給予香港不同於中華人民共和國的待遇，例如政策、法律、協議、經濟貿易優惠等，國務卿須每年向國會保證「香港享有充分的自治」，並提交香港民主發展報告。如果國會判斷香港不再擁有高度自治，則可能會取消對香港的「特殊待遇」，尤其會影響到香港的特殊關稅地位；而香港作為中美之間重要的進出口橋樑，此舉亦會間接影響中國對外貿易。同時，這項法案亦明定，涉及鎮壓香港民主自由的香港及中國官員，將禁止進入美國境內，且將凍結其在美國的資產。

醞釀，然後突然高漲的遊行情緒

　　就在六一二衝突翌日，民陣公開譴責警方使用致命武力，更宣布將於週日（6月16日）再次遊行，以要求撤回修例、譴責警方對市民使用暴力及要求特首下台為主要訴求，並會在6月17日週一舉行集會，呼籲全港市民罷課、罷市、罷工[10]，繼續以不合作運動抗議政府強推修例。

　　罷工罷課、不合作運動、支持及反對修例的各方聯署或聲明、外國對香港現況表達關注……所有人都在翹首期盼特首如何回應，加上另一場大型遊行在即，社會的情緒正在緩緩升溫。在這個緊張時刻，事情突然有了變化。

　　6月15日下午3時，特首林鄭月娥召開記者會[11]，宣布「特區政府決定暫緩修例工作，重新與社會各界溝通，做更多解說，聽更多不同意見」，又聲稱「立法會大會就處理條例草案的工作會暫停，直至我們完成溝通解說和聆聽意見為

止」。然而，特首在記者會上的用詞由始至終都是「暫緩」，而非反對修例陣營一直要求的「撤回」；事實上，在其後回答記者提問時，她指出「不覺得在現階段是可以就此撤回這條條例」。而當被記者多次追問是否會下台時，亦拒絕給予正面回應。至於針對警方在六一二的行動，她明確地表示支持，聲稱有示威者「用了一些有殺傷力的武器襲擊警務人員」，因此警務人員對示威者的行動是「天經地義」、「理所當然」，對於警方定性六一二為「暴動」，她更表示「贊成亦是同意這種說法」。

撤回修例、譴責警方暴力行為及特首下台的三大訴求全部落空，可以想見在社會大眾間會引起怎樣的反彈。民陣召集人岑子杰對特首在記者會上的回應「感到非常失望及憤怒」，認為她沒有理會香港人訴求，[12] 同時在社交平台專頁貼出聲明[13]，指出宣布暫緩修訂《逃犯條例》並不等同撤回修訂方案，並譴責林鄭月娥繼續認同警隊在六一二的行動、拒絕收回六一二衝突為暴動的言論。民陣亦呼籲市民參與6月16日的遊行，重申是次遊行有五項訴求，包括不檢控被捕的示威者、取消六一二衝突定性暴動、追究警隊在六一二的開槍責任、撤回《逃犯條例》、林鄭月娥下台，並鼓勵市民在六一六遊行時穿上黑衣，以示反「送中」之意。

香港眾志亦發聲明要求政府徹底撤回修例及追究警方過分使用武力，並加入呼籲市民參加六一六遊行的行列。民主黨議員涂謹申指出，在暫緩的情況下，政府只要提前12日通知立法會，「那把架在市民頭上的刀就可以劈下來」，反問「為何這把刀仍要繼續架在市民頭上」。[14] 一時間，社會的不滿情緒急速升溫。事實上，在記者會後，當日就有人利用大數據系統檢測，以多個涉及特首、遊行的關鍵詞彙搜尋量進行分析，並研究各社交平台的留言量及內容數據，總結出特首宣布暫緩修例的記者會是「火上加油」，估算週日的遊行人數可高達144.2萬人。[15]

同時，就在6月15日晚上，迎來了壓垮駱駝的最後一根稻草。

6月15日下午4時半，一名身穿黃衣的男子在金鐘太古廣場的建築棚架平台掛起一面橫額，上面寫有「反送中No Extradition To China」的標語及「全面撤回送中，我們不是暴動，釋放學生傷者，林鄭下台，Help Hong Kong」的訴求，並在平台上危站。現場有市民及立法會議員鄺俊宇勸其回到安全地方，警方和消防亦

派出談判專家同時展開氣墊，可惜對方並未聽從市民及警方的勸諭。僵持五小時後，黃衣男子於晚上9時左右突然爬出棚架，消防人員救援不果，最終男子墮地，送往律敦治醫院搶救後不治。[16] 其後證實該名35歲男子名梁凌杰，身上的遺書表示輕生原因與反對修例等訴求有關。[17]

在整個6月的修例風波，這是第一次出現有人明確表達政治訴求後輕生的事件，震撼了廣大市民，亦把反修例的情緒推至最高點，直接導致了翌日的遊行人數較6月9日一百萬人遊行大幅增加了一倍。

6/16的遊行盛況

民陣在短期內舉辦第二次同樣主題的遊行，主要原因是在6月9日百萬人遊行後，林鄭政府並未回應遊行人士撤回修訂《逃犯條例》的訴求，加上其後6月12日發生的警民衝突，顯示反對者的聲音未能受到政府重視。在這種形勢下，民情對林鄭政府以至警隊的不滿情緒，有利於盡快採取第二輪行動。而後6月15日特首召開的記者會，更顯示民間的三項訴求（撤回修例、特首下台及追究警察濫權）完全落空，再加上黃衣男子的逝世激起民憤，都令此時成為再次大規模示威表達民意的最佳時機。

6月16日反送中遊行當天，中午12時左右，民陣召開記者招待會[18]，在遊行前再次公開發言，重申林鄭月娥在6月15日公開發言中，並未回應香港人遊行提出的訴求，只是暫緩《逃犯條例》，代表有可能隨時二讀，《逃犯條例》必須撤回而非暫緩。民陣又指，林鄭月娥的決定導致警民衝突，必須收回示威活動為暴動的定義。

遊行當天以政府總部為終點，隊伍本來預定在下午3時出發，然而從中午起便陸續有市民抵達起點的維多利亞公園，並很快便站滿三個足球場，最終使隊伍需要提早半小時出發。參與遊行的市民大都響應民陣提出的黑衣打扮，亦自帶白色鮮花或紙花參與遊行，用以悼念黃衣男子。遊行中許多人手持標語，呼應這次遊行的主要五大訴求：撤回修例、撤消暴動定性、立刻停止拘捕並釋放被捕示威者、追究警察責任、特首林鄭月娥下台。

自由 | 2019年
六月 | 香港「反送中」與自由運動的開端

123
4

1　有遊行人士高舉訴求
2　「不要開槍，我們是香港市民」
3　遊行人士擠滿行人路，甚至逼出馬路
4　入夜後，示威者仍未離去，有民眾舉
　　黃色雨衣象徵黃衣男子也一同參與了
　　這場遊行

　　在六一六第二次反送中遊行之前，部分人士預測人數可能少於第一次遊行，但6月16日當天，從交通安排、公共交通工具等情況與首次反送中遊行時比較，可推測人數有機會多於首次反送中遊行。約莫12時30分至下午3時這段時間，以遊行路線相關的車站為中心，港鐵接連宣布沿線多個車站因站內及出口外極度擁擠，而需要採取人流管制或封閉特定車站的個別出口，甚至實施封閉車站、列車不靠站的措施。[19] 除了港鐵，其他交通工具如巴士[20]、渡海小輪[21] 等，排隊隊伍亦異常的長。種種情形都反映參與遊行的人士數量之多，已達交通工具飽和的狀態。

　　而遊行起點維多利亞公園對面的道路，所有來回行車路線全數封閉，開放給遊行人士，這比6月9日反送中遊行使用的路線更多。期間不斷有參與者從鄰近地區加入、插隊，令隊伍前進緩慢。遊行隊伍途經的主要交通道路，亦因為人數實在太多，而需要逐一開放，整整六條港島西行路線最終都成為遊行路線。[22] 到了此時，六一六遊行已經超越了6月9日遊行的規模。

　　入夜後，遊行隊伍龍尾仍未到達終點，而已達終點政府總部的遊行人士亦未散去，而是自發逗留在附近的道路及廣場，自組物資站、在「連儂牆」[23] 上張貼紙條等，巧合地重現了2014年雨傘運動佔領中環時的情境。直至晚上九時多，遊行龍尾漸漸接近終點，遊行人士才開始陸續散去。

遊行人士眾多

與6月9日的遊行一樣，6月16日參與遊行的人士都來自各種社會背景，範圍非常廣泛：人群中飄揚著各大學學生會的旗幟，不同黨派、社區關注團體沿路擺設街站，當中尤其令人注目的是不少宗教界團體也積極參與，例如天主教正義和平委員會當日出發前在起點舉行祈禱會，信徒以遊行主題黑衣打扮參與；[24] 沿路也有不少信徒聚集高唱聖詩。香港天主教輔理主教夏志誠主教點評這次遊行「是回歸以來最多教會參加的一次運動」。[25] 遊行人士的年齡層分布亦比香港過往的遊行更廣，除了青少年，意外地還有許多中年、老年人士，甚至不少是一家大小、老幼一同上街。網媒ToPick拍攝到有三五成群的小朋友戴著頭盔就準備上街[26]，叫人反思小孩會認為上街遊行需要配戴頭盔保護自己的原因，是否因為前次遊行延伸的警民衝突帶來的影響，甚至更早於雨傘運動時已經醞釀出這種表達意見時要自我保護的風氣。

整個遊行活動並未出現有如六一二的衝突，反而突顯示威遊行人士擁有極高的公民意識，例如網上蔚為佳話的示威人士「分紅海」讓救護車和雙層巴士通過、市民自發收集垃圾及分類等等，都令警方或政府口中的「暴民」顯得相當可愛。

黃衣男子悼念活動

除了民陣的遊行活動，大專學界亦宣布在當天晚上9時45分於太古廣場外舉行悼念儀式，向6月15日離世的黃衣男子致意。也有市民自發舉行悼念儀式，呼籲晚上7時於金鐘「連儂牆」燃點燭光，以白色紙花紀念該男子。[27] 遊行當日，一早便陸續有人到太古廣場一帶獻花悼念[28]，其後到場的市民愈來愈多，直至晚上悼念活動開始時，白花仍然在不斷增加。[29]

民陣在當晚公布遊行人數為200萬加1人（警方公布數字為338,000人），創下了香港有史以來錄得最多人遊行的紀錄；而公布人數中的「加一」，則是為了紀念黃衣男子。民陣召集人岑子杰如此說明：「有一個人今日無法參與遊行，無法一起來到終點，但這個人在我們心目中與我們一同走著。」[30]

1 2
3 5
4 6
7

1-7

六一六遊行現場設有路祭，示威者攜帶
鮮花悼念黃衣男子

政府對遊行的回應

　　遊行當晚，政府約於8時半發表聲明[31]，表示「行政長官承認由於政府工作上的不足，令香港社會出現很大的矛盾和紛爭，令很多市民感到失望和痛心，行政長官為此向市民致歉」，又稱「考慮到社會有強烈不同的意見，政府已停止立法會大會對修訂《逃犯條例》的工作」。

示威者直到夜晚仍然不願離去

　　然而整段聲明中，既未正面及明確地表示撤回修例，亦未回應遊行人士的其他主要訴求，引起廣大市民不滿。民陣及民主黨都立刻發出聲明斥責特首的道歉毫無誠意[32]，而仍留守在政府總部附近的示威人士亦拒絕散去，一直持續到第二天，演變成圍堵政府總部的行動。

示威者於清場後到示威現場進行清理

六一六遊行中民眾參與所帶來的影響

六一六大遊行的遊行規模是香港回歸二十二年以來之最。相較雨傘運動，民間的回應與參與層面更為廣闊，甚至能驅使部分本來支持修訂引渡條例的政界人士及組織轉變意向。另一方面，本次運動亦吸引了國際社會的注意，紛紛對香港社會運動模式作出觀察及評價。

沒有領導者的行動

六一二的翌日，民陣已向警方申請於6月17日在立法會外集會，並於各社交平台呼籲全港市民繼續「三罷」。然而政府6月15日宣布暫緩《逃犯條例》修訂工作後，民陣對於發起三罷的態度曾一度軟化，宣布不按原定日子舉辦集會。[33] 不過遊行獲得整整200萬人參與，數字令人震驚，加上不少界別亦透過聲明與聯署表示支持三罷，最終影響了民陣的態度。

由此可見，民陣雖然多次擔任大型示威的籌辦者角色，但在三罷以至整個反修例運動中都並非處於領導位置，這與過去的社會運動（如雨傘運動）有明確的領導者或領導團體的結構很不一樣。這是一次由群眾主導發展方向的運動。至於六一七罷工，雖然不如遊行示威普及，然而在參與維度上卻比過去以青年學生及政治團體為主的雨傘運動更為廣泛，當中不乏社福界[34]及其他專業人士[35]，亦是全港僱員僱主首次站在同一陣線的「政治性罷工」。[36]香港社會各界對這次反修例運動的高度關注及積極參與，值得留意。

遊行影響建制派議員與特區政府，形成內部分化

　　六一六大遊行的規模之大，也促使原本支持修例的建制派議員改變風向。政界開始出現建制派議員及團體與特區政府劃清界線，部分議員對修例的立場顯得前後不一。[37]除了與特區政府「割席」（編案：劃清界線、撇清關係）外，建制派各團體之間、乃至內部成員間均出現內訌，各自試圖撇清、重新確立自己對修例的立場。[38]例如之前大力支持修例的民建聯，其成員立法會議員蔣麗芸接受訪問時建議政府可在加強宣傳後重推《逃犯條例》修訂，主席李慧琼立刻發表聲明，澄清蔣麗芸的言論「只屬個人意見，並沒有在黨內討論」，又表示「理解和尊重特首林鄭月娥作出暫緩修例的決定」。同樣支持修例的工聯會，亦傳出其成員麥美娟怒斥林鄭強硬推動修例、令建制派殃及池魚，其後流出一段監警會會議開始前的錄音對話，疑似金融服務界立法會議員張華峰向監警會主席梁定邦證實麥美娟的確有相關言論。同屬建制派的新民黨主席葉劉淑儀接受傳媒訪問時，更直言認為特首應向市民致歉。[39]不過考慮到香港區議會選舉將會在11月舉行，也有輿論認為這些言論都是建制派議員嘗試挽回選票之舉。

　　特區政府雖未因此撤回修例，然而短期之內亦延緩了續推修例的可能性，使特區政府與要求撤回修例的大眾市民陷入相互對峙的局面。

國際注視　反修例運動面向世界

　　反修例運動從萌芽到六一六大遊行，香港市民的表現及抗爭模式已成功吸引國際社會的注意。在六一六遊行當日，除了臺灣同步舉行「撐香港，反送中」集會[40]，海外亦紛紛出現不少聲援香港的集會。香港抗爭者在六一二和六一六和平理性的表現，亦引起國外人士討論及讚賞。[41] 其中《日經亞洲評論》（*Nikkei Asian Review*）一篇評論描述了香港市民的和平遊行，認爲其效果令人驚奇（marvel）：「他們有秩序、讓救護車經過，又將安全帽送與外國記者，他們甚至會回收。」更表示這種表現應得到諾貝爾和平獎。[42]

　　這場運動的抗爭模式亦成爲國外傳媒的報導焦點之一。《洛杉磯時報》（*Los Angeles Times*）指這次運動是「去中心化」的一種展現，並引述訪問者對話，將此模式喻爲「像AI自我學習」。[43]《法蘭克福匯報》（*Frankfurter Allgemeine Zeitung*）對運動也如此分析：「同2014年的抗議運動不同的是，這一次抗議浪潮中並沒有突出的領袖人物。也許沒有人願意出頭露面，而最終身陷囹圄。但儘管如此，借助社群網站，示威活動仍被組織的非常出色。」[44] 本次反修例運動，將香港推上了全世界爲自由與人權抗爭的最前線。

本章註

1　　杜潔心、胡家欣，〈【逃犯條例】教協發動罷課 喇沙書院：教師自行決定宜安全爲首〉。取自《香港01》網站：https://bit.ly/2YGSqxy，2019年6月13日。

2　　〈教協發動本周全港罷課不罷教 教局堅決反對：學生不應捲政治漩渦〉。取自《明報新聞網》：https://news.mingpao.com/pns/要聞/article/20190613/s00001/1560365264523/教協發動本周全港罷課不罷教-教局堅決反對-學生不應捲政治漩渦，2019/6/13。

3　　〈【引渡惡法】7名前副局及政治助理聯署促撤回修訂從長計議〉。取自《蘋果日報》網站：https://hk.news.appledaily.com/local/realtime/article/20190612/59707221，2019年6月12日。

4　　〈27名前高官議員聯署籲林鄭撤回引渡修例 黎慶寧：不要再讓人流血〉。取自《眾新聞》網站：https://bit.ly/2S4Bv5w，2019年6月14日。

5　〈【反送中】網民發起不合作運動 港鐵：多宗乘客求助、車門受阻觀塘線需額外行車時間〉。取自《立場新聞》網站：https://thestandnews.com/politics/網民發起不合作運動-港鐵-多宗乘客求助-車門受阻-觀塘綫需額外行車時間/，2019/6/13。

6　〈外交部：中央政府堅決支持港府條例！〉。取自《文匯報》網站：http://news.wenweipo.com/2019/06/12/IN1906120048.htm，2019年6月12日。

7　〈我駐英大使劉曉明接受BBC專訪：中央從未指示香港修例〉。取自《環球時報》於新浪網站的報導：https://bit.ly/2NLi82J，2016年6月13日。

8　〈中國駐英大使割席：港府自發修例〉。取自《蘋果日報》網站：https://hk.news.appledaily.com/local/daily/article/20190614/20703630，2019年6月14日。

9　〈香港逃犯條列：川普與美國國會均打破沉默〉。取自BBC News中文網：https://www.bbc.com/zhongwen/trad/world-48617984，2019年6月13日。

10　〈【逃犯條例】民陣申請周日遊行至政總 呼籲全港周一集會繼續「三罷」〉。取自《明報》網站：https://bit.ly/2XDBhbA，2019年6月13日。

11　勞顯亮，〈【逃犯條例】林鄭月娥記者會交代暫緩修例對答全文紀錄〉。取自《香港01》網站：https://bit.ly/2Fb0Q8u，2019年6月15日。

12　〈【逃犯條例】民陣批林鄭無視港人訴求 周日續遊行 促撤修例釋放被捕者〉。取自《明報》網站：https://bit.ly/30sZcHA，2019年6月15日。

13　取自民間人權陣線Facebook專頁：https://www.facebook.com/CivilHumanRightsFront/photos/a.517931904920872/2304232542957457/?type=3&theater，2019年6月15日。

14　〈【逃犯條例】政黨回應 田北辰：新方案須獲多數港人支持 眾志呼籲繼續上街〉。取自《明報》網站：https://bit.ly/2XD7PSV，2019年6月15日。

15　李鴻彥，〈大數據顯示今日遊行人數最多達144萬 林鄭暫緩「送中」記招句句辣斃全港市民留言粗口比率達13%〉。取自《立場新聞》網站：https://bit.ly/2WM19wo，2019年6月16日。

16　〈【引渡惡法】男子太古廣場掛反送中橫額墮樓亡 朱耀明到場獻花悼念〉。取自《蘋果新聞》網站：https://bit.ly/2xJqMUz，2019年6月15日。

17　呂凝敏、梁銘康、陳浩然，〈【逃犯條例】反修例男子墮斃太古廣場 悼念人潮不絕 白花遍地〉。取自《香港01》網站：https://bit.ly/30vbcZe，2019年6月16日。

18　〈【民陣記者會】現場直播〉。取自香港電視台視像新聞Facebook專頁：https://www.facebook.com/RTHKVNEWS/videos/840537962992171/，2019年6月16日。

19　〈【引渡惡法】感動！全港黑衣人空群而出去維園港島綫全綫車站可上落客〉。取自《蘋果日報》網站：https://hk.news.appledaily.com/breaking/realtime/article/20190六一六/59721706，2019年6月16日。

20　〈紅磡過海隧巴站大批身穿黑衣市民候車準備參與民陣遊行〉。取自香港電台網站：https://news.rthk.hk/rthk/ch/component/k2/1463181-20190六一六.htm，2019

年6月16日。

21 〈民陣遊行龍尾仍未出發〉。取自《信報》網站：https://bit.ly/2WMgo8x，2019
年6月16日。

22 彭毅詩、鄭榕笛、王潔恩、陳淑霞、王珮殷、鄺曉斌、陳潤南、李偉欣、黃偉倫，
〈【逃犯條例‧6.16大遊行局勢全覽】民陣斥林鄭無回應五大訴求〉。取自《香港
01》網站：https://bit.ly/32sNxdx，2019年6月16日。

23 香港「連儂牆」起源於2014年雨傘運動，仿傚捷克人民在牆上不斷重複塗鴉、被政
府抹去、再重新塗鴉來表達民主訴求的方法，香港則以寫上民主訊息和心聲的便利貼
覆蓋整面牆壁。

24 〈「主為我牧守護我城」祈禱會〉。取自香港天主教正義和平委員會Facebook專
頁：https://www.facebook.com/421814007869691/posts/2502676273116777/，
2019年6月14日。另見該委員會在專頁發佈的活動直播片段：https://www.
facebook.com/hkjpcom/videos/346131622662141/，2019年6月16日。

25 〈香港反送中〉「兩百萬＋1」人遊行 港人找出路〉。取自「焦點事件」網站：
http://www.eventsinfocus.org/news/3212，2019年6月16日。

26 〈【反送中】六一六遊行黑衣人塞爆港鐵站 小朋友戴頭盔水樽上街去〉。取自ToPick
網站：https://bit.ly/2LjJNFY，2019年6月16日。

27 〈一人一白花燭光晚會〉，取自Facebook活動專頁：https://www.facebook.
com/events/1399655400193385/，2019年6月16日。

28 呂凝敏、梁銘康、陳浩然，〈【逃犯條例】反修例男子墮斃太古廣場 悼念人潮不絕
白花遍地〉。取自《香港01》網站：https://bit.ly/30vbcZe，2019年6月16日。

29 〈【引渡惡法】白花燭光香燭 400市民夜祭反送中死者〉。取自《蘋果新聞》網
站：https://hk.news.appledaily.com/local/realtime/article/20190六一六
/59721107，2019年6月16日。

30 彭毅詩、鄭榕笛，〈【逃犯條例】民陣：遊行人數接近二百萬零一個人 集會默哀一
分鐘〉。取自《香港01》網站：https://bit.ly/2Sb1VCu，2019年6月17日。

31 〈【逃犯條例】續企硬、批暴動、首致歉69、612、616政府回應對比〉。取自《香
港01》網站：https://bit.ly/31aepOh，2019年6月16日。

32 〈【逃犯條例‧6.16大遊行局勢全覽】民陣斥林鄭無回應五大訴求〉。取自《香港
01》網站：https://bit.ly/32sNxdx，2019年6月16日，最後更新日期2019年6月21日。

33 〈【三罷】民陣取消周一集會捱轟 就資訊混亂致歉 籲市民參加三罷〉。取自立場新
聞網站：https://bit.ly/2MTvhGw，2019年6月16日。

34 劉錦華，〈【逃犯條例】社福界逾300人響應罷工抗議：與年輕人一起走下去〉。取
自《香港01》網站：https://bit.ly/2LjxfhY，2019年6月17日。

35 吳倬安，〈【逃犯修例】教授、空姐、大狀也罷工要求撤修例及暴動定性〉。取自
《香港01》網站：https://bit.ly/32mVGAn，2019年6月17日。

36 劉錦華，〈【逃犯條例】職工盟呼籲全港僱主僱員617罷市罷工〉。取自《香港01》網站：https://bit.ly/2Scgypb，2019年6月14日。

37 陳潤南，〈【逃犯條例】一文睇晒林鄭6.16道歉前後建制派議員言論轉變〉。取自《香港01》網站：https://bit.ly/2Ljxl9k，2019年6月20日。

38 陳欣彤，〈【逃犯條例】修例敗走引發建制內訌田少、葉劉開火僅冰山一角〉。取自《香港01》網站：https://bit.ly/2YNSCLi，2019年7月9日。

39 〈【暫緩修例】葉劉淑儀：香港元氣大傷 林鄭月娥應向香港人致歉〉，取自《立場新聞》網站：https://bit.ly/2XjZxyn，2019年6月16日。

40 謝文哲，〈【反送中六一六】臺灣「撐香港，反送中」萬人聚立院聲援〉。取自《鏡週刊》網站：https://www.mirrormedia.mg/story/20190六一六edi002，2019年6月16日。

41 〈【6.16大遊行】讚和平示威典範外媒記者：港人應獲提名諾貝爾和平獎〉。取自《立場新聞》網站：https://bit.ly/2JxjdHt，2019年6月17日。

42 該段原文為"Hong Kongers achieved a marvel with their protests. Their peaceful demonstrations made a mockery of Beijing's efforts to dismiss them as unmoored anarchists. They were orderly. They made room for ambulances to pass. They offered safely helmets to journalists. They even recycled. Nobel Peace Prize, anyone?"

William Pesek, "China risks killing the Hong Kong golden goose," *Nikkei Asian Review*, last modified 17 June,2019, https://asia.nikkei.com/Opinion/China-risks-killing-the-Hong-Kong-golden-goose?fbclid=IwAR0tgzSDo3eYIXVblg_1uiSDY4yyvmcZVXT63TcVC_tN87zPbhz_R4M-vZg.

43 Alice Su, "A new kind of Hong Kong activism emerges as protesters mobilize without any leaders," Los Angeles Times, last modified 14 June, 2019, https://lat.ms/2LkDh1B.

44 達揚，〈香港民眾不輕言放棄〉。取自德國之聲網站：https://p.dw.com/p/3KaoP，2019年6月17日。

自6/16大遊行起，反送中運動在之後的數月亦皆以「黑衣」作為示威者的服裝默契。

始於2014年香港民陣（民間人權陣線）發起的「黃絲帶運動」，該活動號召支持者在衣服別上黃絲帶作為爭取真普選的象徵。2014年的雨傘運動及2019年的反送中運動，亦沿用黃絲帶作為支持運動的標記。

相對於「黃絲帶」而生，2014年香港民陣發起「黃絲帶運動」後，另有親建制的李偲嫣等人相應發起「藍絲帶運動」，呼籲支持警方、親港府立場的民眾站出來。藍絲帶在雨傘運動中的立場是「反佔中」，及至反送中運動，亦指支持港府、港警、相對不反對修例的民眾。

自由世界的最前線

自從兩百萬人站上街頭遊行的那一刻起，運動的發展令人始料未及。對內，民眾展開各種不合作運動向政府施壓，集會的形式、介入運動的身份較前兩次遊行有所轉變；對外，民眾積極爭取國際關注，登報、集會向G20大阪峰會施壓，英、美、日等多國元首就事件表態，而本次運動也影響了臺灣政治形勢，令原本尋求連任但民望低迷的總統蔡英文支持度急升。

所謂前線總是變動不居；本章除了依時間軸整理6月16日後、七一遊行以前的運動走向，亦希望從全球與本土的脈絡中理解本次運動。

大型不合作運動

6月16日兩百萬遊行前，其實部分不合作運動已陸續展開，例如6月13日有示威者試圖癱瘓地鐵[1]，6月15日民眾在機場手持反送中標語「接機」。[2] 而政府於6月16日晚發表的一紙道歉聲明並未回應民間五大訴求，更大型的不合作運動遂接踵而來。

6/17圍堵政總、包圍特首辦

就在兩百萬人遊行當晚，部分示威者通宵留守政府總部及立法會對面夏慤道，六條行車線被封，17日上午政府宣布政府總部暫停開放，但仍有高層上班。直至11時多，示威者退回立法會示威區，向政府釋出善意，夏慤道重開。[3] 當日早上亦有社福界發起罷工及集會，約300名社工及社工系學生參與。[4]

下午4時，立法會議員朱凱迪、區諾軒與逾千名民眾包圍特首辦公室，要求對話。由於人數眾多，部分示威者站出龍和道，龍和道一度封閉。朱凱迪指，本打算於林鄭舉行記者會前與其會面，但後來得知並無記者會，便於5時半宣布集會結束但仍留下保護市民。及至晚上，仍有市民陸續到政總集會，晚上10時多政府宣布原定於18日舉行的行政會議休會，並稍後公布林鄭會見傳媒安排。

醞釀行動升級

6月18日下午4時，林鄭月娥召開記者會「向每一位香港市民真誠道歉」，反省並承認個人需「負上很大責任」。記者會上林鄭並未回應五大訴求，記者多次問及是否會撤回修訂，林鄭只稱現已暫緩修例，不提撤回二字。至於6月12晚林鄭曾發表電視講話，指當晚行動是「妄顧法紀、有組織的暴動行為」，林鄭於本次記者會上則表示「從來都沒有認為⋯⋯（集會人士）是暴徒，我們沒有說過那事」，表示當日說法是按照警務處形容。至於民間關於成立獨立調查委員會及要求她下台的訴求，林鄭只稱可循既有機制投訴，又謂其團隊還有很多民生工作想推行。[5]

6月19日大專學界召開記者會，指林鄭的道歉沒有誠意，要求政府於翌日5時前正面回應民間訴求，否則將於21日升級抗爭行動。[6]20日特首辦回覆傳媒查詢時，聲稱行政長官已於18日記者會回應，沒有補充[7]，稍後亦發聲明指翌日政府總部將關閉。[8]

同時，警方濫權問題持續發酵。六一二後，有傳媒報導警方前往醫院搜證、拘捕疑犯，有傷者向護士透露是被催淚彈擊傷，不久反黑組探員便以涉嫌「暴動」罪名將傷者帶返警署[9]，亦有前線護士指出被沒有委任證的警員恐嚇及查問病人資料。[10]6月17日，立法會議員陳沛然指警方未經許可便能獲取急症室病人資料，急症室病人資訊系統更有版面標明「For Police」字眼，顯示為警方而設[11]，令警民關係日漸緊張。

 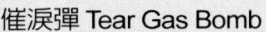

催淚彈 Tear Gas Bomb

有別於字面上看似無害的「催淚」字眼，催淚彈其實屬於化學武器，在1925年的《日內瓦議定書》（Geneva Protocol）和1993年的《禁止化學武器公約》（Chemical Weapons Convention）都已明文禁止在戰場上使用，但目前仍未禁止用於鎮壓行動。

催淚彈經加熱化學反應散發出催淚氣體，即便在濃度極低的情況下，也會刺激中央神經系統，幾秒鐘便會造成眼睛劇烈疼痛、大量流淚、暫時失明、懼光等現象；高濃度時，則會對上呼吸道和皮膚組織產生刺激，令人噁心、嘔吐、胸痛，皮膚則出現紅腫、疼痛、化學灼傷或者起水皰流膿。若近距離遭遇，可能引發結膜炎、頭痛、永久喪失視力甚至窒息。

香港執業藥劑師協會會長鄭綺雯表示，即使是工業用口罩，也無法完全阻止催淚氣體進入肺部，「除非用打仗用的面罩。」

>>>在2019年的反送中運動中，香港警方公布自6/9至8/5短短58天內，已使用約 **1,800枚催淚彈**（在2014年的雨傘運動中，港警使用的催淚彈為87枚）。

雖然催淚彈一般被視為「非致命性化學武器」，但2011年曾有巴勒斯坦婦女因在抗爭活動中吸入催淚氣體無法呼吸而死亡的案例；在密閉空間使用催淚彈更加危險，2013年埃及警方便因向囚犯卡車投擲催淚彈而造成37人死亡。

>>>2019年8月11日，在驅趕反送中運動示威者的過程中，香港警方於葵芳、太古地鐵站（皆為室內空間）發射催淚彈。

理論上催淚彈的有效期限為3-5年，據委內瑞拉學者研究，過期的催淚彈會分解成非常危險的氰化物（俗稱「山埃」）、光氣和氮氣。香港大學理學院講師麥嘉慧（香港科技大學化學博士畢業）表示，過期的催淚彈可能因不穩定而釋出較多氰化物，若濃度足夠造成即時死亡；但亦可能因過期加熱效果較差，而釋放較少氣體。又催淚彈的氣體非水溶性，會殘留在家居衣物，彈殼亦可能存在有毒成分，就算曾被淋熄，亦可能經加熱而再次釋出催淚氣體。（參麥嘉慧博士2019年8月9日在節目《千禧年代》受訪的相關報導）

>>>反送中運動中，民眾根據示威現場拾獲的催淚彈標示，連日質疑警方使用過期催淚彈。2019年8月12日的警方記者會上，香港警務處助理處長麥展豪在媒體逼問下，首次承認警方使用過期催淚彈，至於使用數量、過期多久、是否會繼續使用，均未說明。

《明周文化》〈市民吃催淚彈的日子 45宗個案記錄一覽〉（2019.8.11）一文，徵集了45名在反送中運動中受催淚彈攻擊的港人病症個案，經過該刊核實後刊出，可參：

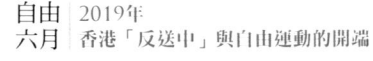

包圍稅務大樓、警察總部

　　6月21日早上11時多，過千名民眾於立法會外聚集，佔領夏慤道並設置路障。其後部分示威者響應香港眾志秘書長黃之鋒呼籲，圍堵灣仔警察總部。警方呼籲群眾和平散去，強調並非清場，又派出談判專家，但談判專家未發言就退回警總。示威者設置路障，塗鴉警總外牆，朝警總扔雞蛋，亦高叫「放人」、「香港警察，知法犯法」、「釋放盧偉聰」等口號要求釋放示威者、撤回暴動定性及聲討警察濫用暴力等訴求。

　　下午1時多，部分示威者步行至稅務大樓，封鎖出入口，只准離開不得進入。有市民不滿無法進入大樓，部分示威者向市民道歉，大樓職員亦提早下班，下午

示威者包圍警局總部

▌ 包圍警察總部的其中一位瘦弱的女示威者

2時多最後一批職員離開。示威者轉而包圍入境事務大樓，堵塞出口，並於大堂靜坐及洗樓式喊口號，未見職員阻止。約3時半示威者和平散去，4時大樓回復正常運作。[12] 其後示威者轉向金鐘政府合署，再分批返回警總。

　　入夜後群眾繼續於警總聚集，約萬人於警總門外高呼「撤回」、「放人」，立法會議員郭家麟、譚文豪、許智峯、胡志偉及鄺俊宇等先後到場呼籲示威者別衝擊警總。晚上11時半救護員接報抵達警總，但警方拒絕開門，擾攘二十多分鐘才開閘放行。[13] 警方稱共13人不適送院，但醫管局回覆傳媒查詢指，就港島區的大型群眾活動共12人送院，其後均已出院，警方被質疑濫用救護車服務，職員送院後並未登記求診。[14]

　　當晚警方於Facebook專頁宣稱示威使得救護車延遲一小時到場，被民眾質疑是假新聞，因多間傳媒亦有警方拒絕救護員入內的報導[15]。晚上12時多民眾陸續散去，部分留守人士亦於凌晨2時離開。

6月24日亦有圍堵稅務大樓行動，示威者於地下大堂靜坐並封鎖出入口，但當日示威者一度與欲前往大樓的市民發生口角。[16] 25日便有十多位市民自發到稅務大樓及入境大樓派發傳單，向受影響的市民道歉，部分示威者除了派發糖果及飲料，更鞠躬以表歉意，有路過市民接受道歉，亦有市民當眾撕毀傳單[17]。

第二次圍堵警總、律政司

6月26日晚民陣G20集會後，學生動源、學生獨立聯盟及民權抗爭呼籲民眾包圍警察總部，約3,000名民眾響應；示威者在警總前高呼口號，掛上「釋放義士」直幡，塗鴉外牆，過程中，警員拍攝示威者，民眾則以雨傘抵擋或電筒照射。[18] 晚上12時多群眾開始散去，警方凌晨3時半清場，部分留守示威者被警員驅趕到灣仔修頓球場，留下個人資料後放行。[19]

期間有一名疑似便衣警被示威者包圍，該名男子曾手持「雪糕筒」路障及「水刮」，有傳他試圖假扮示威者衝擊警總鐵閘[20]，亦有報導指該男子於現場拍攝示威者容貌事敗被發現。[21] 最後警方打開鐵閘，讓男子退入警總。隨後警方發聲明，指該名男子是警務人員，正返回警署上班，澄清並無派便衣警煽惑人群，但網民質疑為何警總被圍仍需警員半夜上班。[22]

6月28日，由於律政司並未於死線前回應網民訴求，包括撤回修訂、以公眾利益為由引用酌情權不檢控六一二被捕示威者等[23]，民眾發起包圍律政司行動，前往位於上環的律政中心「觀賞建築風格」。[24] 律政司司長鄭若驊早上9時53分進入律政中心，約10時多開始有人群聚集，站滿下亞厘畢道行人路並佔據一條行車線，示威者高呼口號，香港眾志黃之鋒、周庭等人亦到場，現場有警員戒備。

晚上8時，獲頒諾貝爾和平獎的「國際廢除核武器運動」組織創辦人Rebecca Johnson到現場聲援示威者。她指示威者不是暴動（Riot），行動和平而非暴力，斥責警察使用橡膠子彈射向示威者頭部缺乏人性，無法接受；她亦表示作為英國國民深感遺憾，指英政府回歸前未在香港落實民主、自由與人權。[25]

直至晚上10時多人群開始散去，晚間約11時，鄭若驊乘座車離開，並未回應記者問題。[26]

示意宗教參與的網上文宣圖

神父也上街

意外地，一首聖歌成為運動的主題曲。"Sing Hallelujah to the Lord"（唱哈利路亞頌讚主）第一次出現於集會現場是6月11日，當時有教徒手持標語集會。六一二警方開槍清場後，此曲在非教徒間廣泛流傳、合唱。當中有實際考量，因法律規定公共場所的宗教集會並不違法，唱聖詩成為示威者保護自己的方式[27]，亦因連日有基督徒在警方防線面前唱此曲，試圖化解警察戾氣，成為一時熱話。[28]

實際上，宗教界對運動的投入並不只有一首聖詩：運動期間，不同教會陸陸續續舉行祈禱會、參與遊行，例如6月9日香港基督教教牧聯署籌委會、教牧關懷團及基督徒社關團契於政總外發起72小時祈禱會[29]，19日、20日亦有公禱會[30]。六一二當日，六大宗教領袖呼籲政府真誠與市民對話[31]，亦有教會於遊行期間開放給公眾休息[32]或辦祈禱會。[33]七一遊行後，甚至有牧師絕食[34]，希望政府撤回修訂及暴動定性等。[35]

宗教界的態度究其原委，除了人道原因，相信亦與中國大陸打壓宗教自由有關。在中國大陸，一些不被政府認可的宗教團體，教堂被拆，或被禁止聚會，部分教徒甚至被控煽惑。[36]曾有基督徒表示因帶《聖經》被捕，擔心修訂通過後，香港的宗教自由受影響。[37]

社運新模式：連登崛起

　　此外，「去組織化」也是本次運動的一大特點。2014年傘運，香港專上學生聯會是當時抗爭的主要組織，曾代表示威者與當時身為政務司司長的林鄭月娥等高官談判。及至反修例運動，傳統社運組織並未擔任領導角色，反而網路論壇「連登討論區」（下稱連登）與通訊軟體「telegram」的配合成為主導平台。民眾在連登上討論運動方向及策略，會員可就帖文給予「正評」或「負評」投票，再開設telegram群組，從長計議如何實行，例如有文宣組、行動組（如擺街站、不合作運動等）等不同組別。連登及telegram的互動成為決策的重要平台，例如包圍警總、組織領事館遊行等，就連泛民背景、前政務司司長陳方安生亦曾在電台節目「多謝連登仔」。

　　連登文宣組除了在本地宣傳抗爭運動，亦積極爭取國際社會關注。例如網名「我要攬炒」的連登帳號曾發起多條「戰線」，包括去信英、美、加國政府要求取消高官外國護照、去信國際人權組織質疑警方濫暴違反人權公約，甚至以「連登仔、港女」署名投稿《金融時報》並獲刊出。六一六遊行後，適逢二十國集團峰會（下稱G20）將於6月27日至28日在大阪舉行，成為「連登仔」的下個目標。

G20：反修例運動的國際視野

　　6月25日，網民發起目標300萬元的眾籌，打算G20前夕在全球主要報章刊登頭版廣告，呼籲國際社會關注逃犯條例修訂爭議及警察濫用暴力的問題。眾籌行動在11小時內成功籌得673萬元，超額逾一倍[38]，同時，網民需要在短時間內處理多份報章的聯絡、行政及排版等工作，曾協助聯繫日本傳媒的香港眾志黃之鋒表示，「香港要有一個團體，可以在一日之內、24小時，完成10份報紙登廣告，按民主派的目前架構和人手編制，是無可能的。若非群眾自發，根本搞不成」[39]。翌日，德國《南德意志報》、美國《華盛頓郵報》和《紐約時報》、英國《金融時報》、加拿大的《環球郵報》及日本《讀賣新聞》等皆在頭版刊登出香港

成功刊登公開信的國際報章展覽

的公開信，下款為「香港市民」及
「自由先鋒」，內文指出白色恐怖
正籠罩香港，呼籲國際社會及G20
峰會領袖關注港府修訂逃犯條例的
爭議，在G20峰會期間相助。[40]

　　同日，逾1,500人響應網上號召
參與馬拉松式遊行，分別遊行至位
於中環、金鐘及灣仔的19國領事館
請願，呼籲各國領導人在G20峰會
上就香港問題向中國國家主席習近
平施壓。遊行人士上午9時在遮打
花園集合，身穿黑衣、自行以各國
語文製作標語及文宣。遊行隊伍首
站是美國駐港總領事館，由代表宣
讀請願信後，再到歐盟辦事處及英
國駐港總領事館。遊行人士成功向
16個領事館遞信，其中英國由副總
領事彭雅慧現身接信，德國駐港副
總領事David Schmidt親自接信。[41]遠
在澳洲的香港人和支持反送中的澳
洲公民組成「澳港聯」，聯合了包
括帕斯、布里斯本、阿德萊德、
墨爾本、雪梨5個城市展開接力靜
坐活動，同步聲援此次馬拉松式
遊行。[42]

請願活動的網上文宣圖片

PLEASE LIBERATE HONG KONG

請願活動的文宣圖片

同日夜晚8時，民陣在中環愛丁堡廣場舉行集會，數以萬計人士到場。集會的標語為 "Free Hong Kong, Democracy Now！"，大會又以多國語言讀出集會宣言，希望爭取國際社會的關注。宣言指，修訂引渡條例後，不論市民還是外籍人士都有機會遭到「送中」進行審訊，這等同摧毀香港現有的人權和法治保障，摧毀最後一道保障自由和安全的防火牆[43]。

多國就修例運動表態

　　香港反送中浪潮受國際社會高度關注，曾登上《時代》雜誌封面[44]，國際人權組織亦發表報告指出港警濫用武力[45]，歐盟多國亦曾就逃犯條例向特區政府發出外交照會。[46] 縱然在G20峰會前夕（6月24日），中國外交部明確表示香港事務純屬中國事務，不允許在G20期間討論香港問題，干涉中國內政[47]，但美、日、英等多國均有表態。

　　美國總統川普於當地時間6月17日接受《時代》雜誌採訪時，讚揚香港示威者具巨大影響力，行動非常有效，惟拒絕評論香港示威者的具體訴求[48]。6月27日，中國國家主席習近平與日本首相安倍晉三會談時，安倍表示維持一國兩制對香港發展十分重要[49]。多名英國政治人物就反送中浪潮高調表態，英國看守首相文翠珊7月3日在國會表示已就香港事宜向中國領導人提出憂慮；有望成為下任英國首相的約翰遜亦表態支持港人，並明言樂意為香港人發聲；現任英國外相、正競逐保守黨黨魁的侯俊偉敦促中國尊重《中英聯合聲明》，表示中方需要處理示威者的根本訴求。[50]

　　G20峰會舉行期間，受香港政府取締的香港民族黨發言人陳浩天及多間香港大專院校的代表趕往日本大阪，聯同其他團體召開記者會並舉行集會。陳浩天呼籲所有國家對中國及香港實施制裁，廢除侵犯人權及違反人道罪行的官員及其家人在中國以外的居留權，並凍結他們的離岸資產[51]。關於官員擁有外國居留權事宜，英國人權組織「香港監察」7月1日於國會就「關注香港主權移交22周年對中國及國際關係的啟示」舉辦的論壇中，也有聲音建議英國當局從行政方式重新審視英國國民海外護照（BNO）持有者身份。[52]

反修例最大得益者：蔡英文？

　　臺灣執政黨民進黨的民望一度低迷，據2018年進行的美麗島5月民調，民進黨的總統初選候選人蔡英文和賴清德的信任度及滿意度都創他們就職以來的新低，其中蔡英文的信任度和滿意度皆跌至三成以下[53]。然而，反送中風波持續發酵，民間出現「今日香港，明日臺灣」的憂慮。據民進黨6月13日公布的2020總統大選初選民意調查結果，民進黨蔡英文的支持度為35.67%，領先白色力量的柯文哲（22.70%）12.97%及國民黨的韓國瑜（24.51%）11.16%[54]。

　　反之，對兩岸關係態度相對溫和的藍營以及近年崛起的白色力量，亦因修例風波再次強調並不接受一國兩制。民意迫使藍營韓國瑜[55]、郭台銘反對一國兩制[56]，柯文哲亦指一國兩制在臺灣沒市場。[57] 同時，臺灣人民對一國兩制益感憂慮。據臺灣民意基金會6月24日公布的最新民調，反送中遊行後，受訪者對兩岸統一的支持度下跌至1996年以來的新低[58]，相信未來兩岸關係只會日漸緊張。

醫警爭議持續升溫

　　自6月12日警察到醫院拘捕示威者並搜證，以及醫學界立法會議員陳沛然醫生指稱警方可擅取急症室病人資料，醫警關係日益緊張。醫學界組織亦曾發表聯合聲明，要求警方及醫管局保障病人私隱，避免示威者受傷但不敢求醫。

警方回應及擅撤警崗

　　6月23日醫學界、衛生服務界及法律界等共82名選委，以及相關團體發表聯合聲明，促請醫管局及警方注意自己行為，強調警方應向法庭申請手令，向醫院書面要求資料；醫管局亦應拒絕警方不經合理程序的搜證要求。[59]

　　香港警察隊員佐級協會6月26日發表聲明反駁，指使用資料原則中，防止及偵察罪案的目的可獲條例豁免規限。聲明結尾更指「如果醫護人員繼續認為警務人員是阻礙他們工作的，懇請醫管局撤銷所有醫院警崗服務」[60]。同日，市民發現伊利沙伯醫院及仁濟醫院警崗沒有警員駐守。

對於擅自撤守警崗，警務處處長盧偉聰表示，警員若在有敵意的環境，將無法好好工作。[61]醫學界議員陳沛然醫生在Facebook發文反駁，指醫生在醫院工作，即使有紛爭、敵意、受到不禮貌對待，都沒有離開病人和香港人。[62]民間力量日益壯大的同時，警方態度亦日漸強硬；其後的七一遊行衝突更顯示反修例運動白熱化，衝突進一步升溫。

本章註

1　　〈【引渡惡法】疑有人發起「地鐵不合作運動」 觀塘綫有多宗輕微事故〉，取自《蘋果日報》網站：http://bit.ly/2LfLUdZ，2019年6月13日。

2　　顏寧，〈市民自發到機場接「范送中」機介紹政總景點、看報紙〉，取自香港獨立媒體網站：https://www.inmediahk.net/node/1064868，2019年6月15日。

3　　彭毅詩、鄭榕笛、王潔恩、陳淑霞、王珮殷、鄺曉斌、陳潤南、李偉欣、黃偉倫，〈【逃犯條例・6.16大遊行局勢全覽】民陣斥林鄭無回應五大訴求〉，取自《香港01》網站：http://bit.ly/2YK2eXs，2019年6月21日。

4　　劉錦華，〈【逃犯條例】社福界逾300人響應罷工抗議：與年輕人一起走下去〉，取自《香港01》網站：http://bit.ly/2G79RA4，2019年6月17日。

5　　〈林鄭月娥表示真誠道歉 未正面表示撤回條例 承認未來管治困難〉，取自《端傳媒》網站：http://bit.ly/2Ga258B，2019年6月18日。

6　　〈大專學界要求政府明天回應四大訴求否則周五行動升級民陣對準7.1〉，取自《眾新聞》網站：http://bit.ly/2NPMTUr，2019年6月19日。

7　　彭毅詩，〈【逃犯條例】網民設死線促回應4訴求 特首辦：行政長官已回應〉，取自《香港01》網站：http://bit.ly/2XAruTs，2019年6月20日。

8　　〈【引渡惡法】民間最後通牒時限屆滿 政總基於保安明日暫停開放〉，取自《蘋果日報》網站：http://bit.ly/2Jsu0lX，2019年6月20日。

9　　〈示威者：護士問警「催字點寫」洩身份〉，取自《信報》：https://bit.ly/2G72etp，6月21日。

10　　鄭翠碧，〈醫學界揭警方在醫院拘5人 4人涉暴動罪〉，取自《香港01》：https://bit.ly/2La1KH3，2019年6月23日。

11　　吳婉英，〈急症室電腦系統設警方專用頁面毋須密碼登入可查大型集會傷者個人資料〉，取自《眾新聞》網站，https://bit.ly/2NSwKxq，2019年6月18日。

12　　彭毅詩、羅家晴、劉錦華、陳潤南、鄭嘉如、梁祖饒、鄭榕笛、黃鳳儀、林景輝、莊恭南、張美華、李偉欣、麥凱茵、陳晶琦，〈【逃犯條例】留守立會煲底學生：有需要定出席6.26集會〉，取自《香港01》網站：http://bit.ly/2JDFRwE，2019年6月

22日。

13 〈【逃犯條例‧不斷更新‧短片】接近凌晨零時警總外人潮未散〉，取自《明報》網站：http://bit.ly/2GaYdnF，2019年6月21日。

14 〈【逃犯條例】消防處稱15人警總分送兩醫院醫管局：港島群眾活動12人登記求醫〉，取自《明報》網站：http://bit.ly/2JvNypL，2019年6月22日。

15 莊恭南，〈【逃犯條例　FactCheck】警稱救護車被示威者阻傳媒證警拒開門〉，取自《香港01》網站：http://bit.ly/2XF31wy，2019年6月22日。

16 〈【不斷更新】「接放工」示威者到稅務大樓及入境大樓抗議〉，取自《Now新聞》網站：http://bit.ly/2JtUfIL，2019年6月24日。

17 〈「唔好意思」大行動變陣抗爭〉，取自《蘋果日報》網站：http://bit.ly/2YNUUu7，2019年6月26日。

18 〈【引渡惡法】逾3,000人深夜圍警總促釋放示威者文職疑「被提早收工」〉，取自《蘋果日報》網站：http://bit.ly/2Lglmbw，2019年6月27日。

19 〈6.26逾千示威者再包圍警總警凌晨清場〉，取自《立場新聞》網站：http://bit.ly/2G5GXQz，2019年6月26日。

20 〈【再包圍警總】疑似便衣男警一度被圍困〉，取自《立場新聞》網站：http://bit.ly/2Y0DgpC，2019年6月27日。

21 〈便衣警扮示威者偷拍人群〉，取自《蘋果日報》網站：http://bit.ly/2NP0mvK，2019年6月27日。

22 海月，〈便衣警深夜拎水刮話返工網民：咁夜一個人？係咪夜更清潔部？〉，取自《東方新地》網站：http://bit.ly/2LNa137，2019年6月27日。

23 吳倬安，〈【逃犯條例】被包圍促不檢控示威者律政：調查由執法機關負責〉，取自《香港01》網站：http://bit.ly/2S8hI5c，2019年6月27日。

24 郭咏冰，〈網民包圍律政中心向鄭若驊抗議要求撤回修例〉，取自香港電台網站：http://bit.ly/2XFJAn3，2019年6月27日。

25 周滿鏗，〈【圖輯】包圍律政中心12小時「鄭若驊出來」〉，取自《眾新聞》網站：http://bit.ly/2LlIQ9I，2019年6月27日。

26 同上。

27 〈逃犯條例修訂爭議：一首聖歌為何成為香港示威主題曲〉，取自BBC中文網網站：https://www.bbc.com/zhongwen/trad/chinese-news-48729091，2019年6月22日。

28 林凱瀜，〈【引渡惡法】「哈利路亞」化解警戾氣「叫耶穌落嚟」祈禱會屬宗教集會毋須申請〉，取自《蘋果日報》網站：http://bit.ly/2XDwZB2，2019年6月14日。

29 〈【逃犯條例】基督教團體政總外辦72小時祈禱會籲港府建制派轉軚或辭職〉，取自《明報》網站：http://bit.ly/2XEkf8d，2019年6月10日。

30 郭藹盈，〈【逃犯條例】基督教教牧關懷團明續辦公禱會：禱聲不斷，牧人必在〉，

取自《香港01》網站：http://bit.ly/30pCRdO，2019年6月19日。

31　〈六宗教領袖籲政府市民克制達共識〉，取自《有線新聞》網站：http://bit.ly/2LgnKjp，
2019年6月12日。

32　〈【6.9大遊行】灣仔靈泉堂下午開放予遊行人士休息〉，取自《立場新聞》網站：
http://bit.ly/32h4kQV，2019年6月9日。

33　羅民威，〈6月十六日再有大遊行「反送中」多個教會組織續以禱告守護香港〉，取
自時代論壇網站：http://bit.ly/2LhbrUi，2019年6月16日。

34　〈牧師絕食促撤例　籲體諒年輕人〉，取自《明報》網站：http://bit.ly/2JGZofp，
2019年7月4日。

35　除了教牧絕食，亦有文化界人士6月12日發起絕食，包括學者何式凝及黎明、灣仔區
議員楊雪盈、流亡導演應亮等，見：〈【逃犯條例】文化界發起6‧12立法會外絕食
大學教師黎明何式凝有份參與〉，取自《明報》網站：http://bit.ly/2XHd2Er，2019
年6月11日。

36　"Sing Hallelujah to the Lord: How the church is reminding Hong Kong's gov't
to listen to the people", Hong Kong Free Press, published June 23, 2019, http://
bit.ly/32jK6py

37　〈逃犯條例修訂爭議：一首聖歌為何成為香港示威主題曲〉，取自BBC中文網網站，
https://www.bbc.com/zhongwen/trad/chinese-news-48729091，2019年6月
22日。

38　羅佩琼、謝明明，〈G20前夕網民11小時籌670萬全球登報反送中〉，取自《蘋果日
報》網站：https://bit.ly/2XGUIFO，2019年6月26日。

39　鄭佩珊，〈連登仔大爆發：「9up」中議政，他們「講得出做得到」〉，取自《端傳
媒》網站：http://bit.ly/2GtuCWF，2019年6月28日。

40　〈全球12報登反修例公開信〉，取自《蘋果日報》網站：https://bit.ly/2XGjQa7，
2019年6月27日。

41　李雨夢、羅智堅、鄧力行，〈領館遍地開花16國接信請願者：世界唔屬於中國〉，
取自《蘋果日報》網站：https://bit.ly/2xLxLMK，2019年6月27日。

42　〈【引渡惡法】澳洲5城靜坐聲援港集會製訴求冊子交布斯里本特首辦〉，取自《蘋
果日報》網站：https://bit.ly/2YKYBR4，2019年6月26日。

43　〈民陣G20前夕集會萬人聚中環爭國際關注香港人值取擁有民主〉，取自《立場新
聞》網站：https://bit.ly/2Nf8tBd，2019年6月26日18：00。

44　〈【逃犯條例】登《時代》雜誌封面：站於全球爭取自由之戰前線〉，取自《香港
01》網站：https://bit.ly/2Xl0JN6，2019年6月13日。

45　"How not to police a protest: unlawful use of force by Hong Kong Police",
Amnesty International, published June 21, 2019, https://www.amnesty.org/
en/documents/asa17/0576/2019/en/

46　〈【引渡惡法】歐盟多國見林鄭罕發外交照會抗議議員：硬修例或影響雙邊協議〉，取自《蘋果日報》網站：https://bit.ly/2XHXRed，2019年5月24日。

47　〈【G20】與習會談安倍主動提香港：一國兩制十分重要主〉，取自《立場新聞》網站：https://bit.ly/31XG4Di，2019年6月28日00：29。

48　〈【反送中】川普讚香港「反送中」示威非常有效中方如此回應〉，取自《香港經濟日報》網站：https://bit.ly/2LiHAe8，2019年6月20日10：21。

49　〈【G20】與習會談安倍主動提香港：一國兩制十分重要主〉，取自《立場新聞》網站：https://bit.ly/31XG4Di，2019年6月28日00：29。

50　　熙，〈香港「反送中」浪潮引爆中英外交風波〉，取自《自由亞洲電台》網站：https://bit.ly/2XBmz4G，2019年7月4日。

51　〈港人趁G20到大阪請願陳浩天呼籲各國制裁香港〉，取自香港電台網站：https://bit.ly/2GbsPp0，2019年6月28日21：55。

52　彭碧珊，〈【引渡惡法】英議員批中央「切香腸」式削香港人權倡重新審視BNO身份〉，取自《蘋果日報》網站：https://bit.ly/2S9hT06，2019年7月2日。

53　林濁水，〈柯文哲白色力量組黨，甚至可能超越藍綠成為最大黨？〉，取自《美麗島電子報》網站：https://bit.ly/2S9P2Zv，2018年6月15日。

54　何欣潔，〈民進黨初選結果蔡英文勝出，確定獲提名尋求連任〉，取自《端傳媒 Initium Media》網站：https://bit.ly/2XEQnss，2019年6月13日。

55　〈【逃犯條例】韓國瑜反港修例拒一國兩制林濁水：選票壓力致轉變〉，取自《香港01》網站：https://bit.ly/32mQBI5，2019年6月16日。

56　〈【逃犯條例】郭台銘：香港「一國兩制」執行失敗失去人心〉，取自《香港01》網站：https://bit.ly/2XZaQM，2019年6月12日。

57　〈談香港人怒吼反送中柯文哲：一國兩制行不行，大家都曉得〉，取自《自由時報》網站：https://bit.ly/32mqxNs，2019年6月10日。

58　〈【反送中】台民調：兩岸統一支持度跌至新低〉，取自《香港經濟日報》網站：https://bit.ly/2YOegiE，2019年6月24日15：00。

59　〈醫護法律界聯合聲明要求警方勿妨礙醫療工作籲恰當程序搜證〉，取自《立場新聞》網站，https://bit.ly/2XL99yp，2019年6月23日。

60　張美華，〈警員佐級協會發聲明促醫護聲明發起人向3萬警致歉〉，取自《香港01》網站，https://bit.ly/2NVnvMT，2019年6月26日。

61　黎芷欣，〈調走醫院警崗警員盧偉聰：在敵意環境無法好好工作〉，站取自《香港電台》網站，https://news.rthk.hk/rthk/ch/component/k2/1465388-20190627.htm，6月27日。

62　〈陳沛然反駁盧偉聰醫護面對紛爭敵意都沒有離開病人〉，取自《立場新聞》網站，https://bit.ly/2XJwYLE，6月27日。

七一大遊行2.0：

立法會之夜

7月1日是香港回歸紀念日，自2003年7月1日50萬人上街抗議廿三條立法、沙士官員失職等，七一大遊行成為香港社運傳統。今年正逢香港回歸廿二周年，港人對「五十年不變」的承諾愈發擔憂[1]，反對修訂逃犯條例自然成為今年焦點。

　　同時，過去一個月已出現數宗與運動有關的自殺案，自殺者均留下支持反修例運動字句，民眾視為以死明志。6月30日有女士在Facebook留下遺書後自殺，其中有「香港，加油」、「七一我去不了，其實我真的絕望了」字句。[2]同日，有團體發起「撐警隊，護法治，保安寧」集會，自稱有16.5萬人參加，立法會議員何君堯、歌手譚詠麟和鍾鎮濤亦有出席；期間支持警察人士毆打及辱罵反修例支持者、路過市民及記者，甚至破壞悼念反修例自殺者的憑弔區，引起公眾不滿。[3]加上經過連日圍堵行動，林鄭月娥至今仍無意撤回條例，正面回應民間五大訴求，行動升級呼聲日高。

▎市民自發設置悼念反修例自殺者的憑弔區及悼念儀式

2019年7月1日，香港除了發生七一大遊行，亦是回歸以來民眾首次佔領立法會。

七一前哨戰：升旗禮

6月27日網民呼籲市民在七一早上6時半前往灣仔金紫荊廣場發起不合作運動，在升旗儀式期間唱聖詩及多國國歌，務求令升旗典禮「不舉」，藉此表達訴求。同日，民政事務總署回覆傳媒查詢，指因應社會情況及基於安全考慮，將不會安排學生及制服團體出席升旗儀式[4]，警方亦提早在6月30日封閉灣仔會展。正在會展舉行的寵物用品展及家居博覽展在最後一天以「天災」為由被政府腰斬[5]，部分參展商表示無奈。

血濺街頭，升旗禮如常進行

響應網上號召的示威者早在凌晨時分便抵達金鐘一帶。凌晨3時許，示威者將立法會外的區旗降半旗，並將中國國旗拆下，換上黑色紫荊旗幟[6]。其後，示威者於龍和道用鐵馬及雜物築起防線。至凌晨5時，現場約有數百名示威者，逾百名持長盾、戴頭盔的防暴警員在龍和道，對會展位置築成防線並拆除路障，與示威者相距僅數十米。此時大部分示威者均已戴上頭盔及護目鏡，雙方對峙。

愈接近7時20分舉辦的升旗禮，龍和道的氣氛就愈緊張。6時30分，不少示威者高叫「看升旗」、「還我金紫荊」等口號希望警方放行，讓他們前往灣仔金紫荊升旗儀式現場。另外，分域碼頭街上亦有示威者開始築起防線。

早上7時，政府宣布因天雨關係，升旗儀式改為室內觀禮，嘉賓透過會展大會堂電視屏幕觀看直播儀式。8時正，慶祝酒會如期舉行。林鄭月娥致詞時指「縱使有良好意願，也必須要開放包容；縱使政府須重視行政效率，也必須耐心聆聽」，她亦稱將主動接觸年輕人，虛心聆聽他們的心聲。[7]

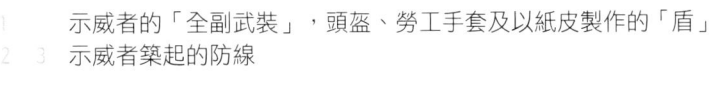

1　示威者的「全副武裝」，頭盔、勞工手套及以紙皮製作的「盾」
2　3　示威者築起的防線

不過這段發言似乎跟現實有一段距離。與歌舞昇平、樂也融融的會展相距不遠的龍和道、中信大廈及夏慤道一帶，警方在酒會開始前清場，驅趕會展附近一帶的示威群眾。警方分別於分域碼頭街、夏慤道至演藝道交界向示威者推進，期間用警棍驅散示威者，並出動胡椒噴霧，示威者撐起雨傘保護自己。[8] 清場過程中，示威者一直向立法會方向後退，而警方一再進逼，不少示威者被打得頭破血流[9]，救護車一度到場接載傷者。[10] 雖然示威者最終妥協，退守立法會，但下午2時，示威者還是成功進入金紫荊廣場，降下國旗，黑色洋紫荊旗幟冉冉升起。[11]

警民對峙，市民撐起雨傘防衛

自由
六月
2019年
香港「反送中」與自由運動的開端

警民對峙，市民撐起雨傘防衛

示威者築起鐵欄

現場表決衝擊立法會

　　接近中午12時，大部分示威者回到立法會示威區及添美道一帶討論下一步行動，而夏慤道亦再次聚集示威者。數名示威者向傳媒指出，港人多次就修例和平遊行，但即使200萬人上街、已有三名自殺者以死明志，政府亦沒有回應訴求。他們認為佔領立法會是「官逼民反」。即使同日民陣已申請遊行並獲不反對通知書、即使立法會此時並無高官或議員，亦無會議進行，示威者仍決心衝擊立法會。他們希望以佔領向政府施壓，也希望能仿傚臺灣的太陽花學運，癱瘓立法會，停止一切議案表決。[12]

　　數百名示威者在立法會示威區投票，現場表決衝擊目標，最後約百人支持衝擊立法會或政總，這是最大多數。示威者隨後討論衝擊時間及地點，眾人意見不一。[13] 最後部分示威者妥協，改往立法會添美道議員入口2行動。下午1時多，包圍立法會的示威者展開行動。

▋ 示威者使用各式各樣的雨傘

民陣七一大遊行

警方突要求民陣更改遊行路線

正當示威者在立法會外嘗試撞破玻璃之際，另一邊廂由民陣舉辦的「七一遊行」亦出現小騷動。遊行原定2時半由維園出發，步行至金鐘政府總部，大隊卻遲遲未出發，不少市民鼓噪。原來警方臨時要求民陣將遊行改期，或把遊行改為集會，或將終點改為灣仔修頓球場，均被民陣拒絕。市民質疑，警方不希望遊行人士支援立法會的示威者才出此下策，雙方攘攘一段時間。最終民陣讓步，將遊行終點定在中環遮打道。但由於修改後的路線並未取得不反對通知書，所以民陣也呼籲市民要考慮清楚風險。[14]

下午3時左右，維園的遊行隊伍正式出發。但因警方只願開放單一出口，市民憤怒高呼「開路」。遊行過程大致順利，大批黑衣市民高舉標語，大喊「香港人加油」，以及民陣要求的五大訴求。分別是：「撤回惡法」、「重啟政改」、「釋放所有政治犯」、「撤銷暴動定性」以及「徹查六一二鎮壓」。民主黨、公民黨、社民連以及人民力量等多個泛民政黨都參加了，歌手黃耀明、何韻詩以及71歲的影星葉德嫻亦出席，現場除了年輕人，還有不少長者。60多歲的陳先生向記者表示心痛年輕人受傷，對衝擊立法會行動表示尊重與理解[15]。由於遊行人士眾多，銅鑼灣軒尼詩道、金鐘道六條行車線封閉，中環皇后大道中至雪廠街交界、立法會對面的夏慤道、添美道也全線封閉。[16]

然而在銅鑼灣，部分反對遊行的市民從高空向遊行隊伍投擲雜物、潑灑液體，在現場的前立法會議員劉小麗雖報警處理，但她指報警一個半小時後警方仍未到場。[17]

┃ 不少示威者外貌甚為年輕

學者自發以AI統計遊行人數

　　過往數次遊行，民陣跟警方公布的遊行人數都相距甚遠。故德州州立大學鄒之喬副教授與香港大學葉兆輝教授和香港在地的AI公司C&R合作，發起「自己遊行自己數」計劃，他們在遊行路線沿途設置儀器，以AI技術「數人頭」。此外也安排義工透過手機App Geo Tracker記錄遊行路徑跟所需時間，並沿途做問卷，最後在電腦上模擬出整個遊行的人潮走向及動態。「自己遊行自己數」計劃初步公布的數字為26.5萬，是民陣公布55萬人的一半，但比警方公布的19萬人多。[18]

遊行終點:立法會還是遮打花園?

　　隨著示威者開始衝擊立法會,大批身穿黑衣戴口罩的青年在金鐘道近統一中心對面,站在行車道中心高舉畫上箭頭的紙牌,聲嘶力竭地請求七一遊行示威者前往立法會支援。遊行隊伍一分為二:預計支援人士走右邊轉入樂禮道前往立法會,繼續遊行的人士就靠左行,往中環遮打道方向前進。[19]

現場的連儂牆

連儂牆（Lennon Wall）

　　最早出現於1988年左右捷克首都布拉格，原是普通牆面，因捷克群眾（多是青年）不滿當時的共產政權，在牆上塗鴉並寫下不滿的標語，群眾後來與警察產生大規模衝突，由於這些青年多嚮往約翰·連儂（John Lennon，臺灣譯作「藍儂」）的風格，又被稱作「連儂主義者」，這道牆也因此得名，並成為青年抗爭的象徵。

　　香港的連儂牆首見於2014年雨傘運動期間，諸多抗爭者在便利貼（Memo紙）上寫著要求普選的訴求，貼在金鐘夏慤道政府總部前的壁報牆，多達一萬張。

　　在2019年這場反送中運動中，示威者亦於6/12包圍政府總部時原址「重建」，打造香港的「第二代」的連儂牆，之後並在香港各區遍地開花。

　　2019年8月，臺灣的臺北公館地下道兩側（臺灣大學附近）也出現了各色便利貼，臺灣民眾以「連儂牆」表示對香港反送中運動的支持。

開始衝擊

民主派議員勸止不果

示威者從下午1時左右以鐵枝等工具衝撞立法會玻璃，對著中信大廈的議員入口2和鄰近的玻璃牆首當其衝。示威者用鐵車持續撞向玻璃，期間，警方一直在內與示威者對峙，未到外阻止或驅散。立法會外部分不同意衝擊立法會的示威者嘗試阻止，也有民主派議員到場勸阻。

梁耀忠、胡志偉、毛孟靜、張超雄、鄺俊宇、林卓廷等立法會議員以身體阻擋示威者用鐵車撞擊玻璃，毛孟靜指衝擊立法會代價沉重，或會監禁十年，林卓廷甚至一度下跪勸籲停止衝擊。[20] 不過從多段直播影片可見，示威者並不因此停止，更有人稱，已做好入獄甚至犧牲性命的準備[21]。

有示威者帶走阻止衝擊的民主派議員

六小時攻防戰

　　午後，衝擊斷斷續續地進行，除了議員入口2的玻璃接連被撞擊，面向添美道的一整排玻璃同樣被敲打擊碎，部分玻璃的內藏鋼板亦被鑿穿。至下午4時，議員入口2旁的一幅玻璃脫落，留下一大缺口。但示威者沒有進入立法會，而是全數退至添美道位置。警方始終在立法會內，與示威者只有一塊玻璃之隔。他們多戴上頭盔並手持長盾，衝擊期間多次警告示威者一旦進入立法會將立即拘捕，並多次以胡椒噴霧阻止示威者接近大樓。[22]

　　相隔不到一小時，示威者轉戰立法會示威區的公眾入口，大量示威者聚集，一邊搬來鐵馬、鐵枝等工具，一邊搭起傘陣遮擋衝擊位置。過程中，立法會外圍出現不明氣體，大量記者感到不適，循破碎玻璃門湧進立法會，亦有警員受傷，及後證實是苯二胺粉末。[23] 至傍晚6時，立法會秘書處自大樓成立以來首度發出紅色警示[24]，大樓內所有人必須立即離開，秘書處亦請求警方協助維持大樓秩序。6時30分左右，示威者撞開警方在立法會第二道防線大門，警方警告示威者若進入立法會將立即拘捕。[25]

佔領立法會

警方突然棄守

　　晚上8時半，立法會內的鐵閘已被示威者撬開一半，未幾，有示威者將錫箔紙包裹的冒煙物體拋進警方防線，警方噴灑防火噴劑。[26] 大約晚上9時，現場出現了令人費解的一幕：原本在立法會大樓內戒備七個多小時的警員突然全部消失無蹤，示威者在沒有阻擋下成功進入立法會。事後，兩名曾任香港皇家警察高層、現為反恐顧問的保安專家克里斯・佩德（Chris Pedder）和史蒂夫・維克斯（Steve Vickers）均對警方的策略大惑不解，認為事有蹊蹺。[27]

示威者嘗試撞擊立法會玻璃

示威者不忘保護文物

　　部分示威者拿起噴漆在立法會牆壁、立柱寫上中英德文的訴求：「勿忘死者」、「政府逼我地」、「釋放義士」、「林鄭下台」、「反送中」、「殺人政權」、「眞普選」、「取消功能組別」等字眼出現在各處。[28] 示威者不止聚焦香港，還有人在牆壁寫上「China will pay for its' crimes against Uyghur Muslims. （中國會對維吾爾穆斯林犯下的罪行付出代價）」，表達對於新疆再教育營的關注。[29]

　　示威者以噴漆破壞了歷屆立法會主席梁君彥與范徐麗泰的畫像，並寫上「奠」字，亦破壞了部分閉路電視[30]，但卻不是失控地破壞。示威者進入立法會後，特地在圖書館門口擺水馬（編案：路障），寫上「保護圖書，不可破壞」的告示牌；紀念品店亦是如此，示威者在碎玻璃框旁留下了「不要損壞」的字句。[31]

　　香港藝術家工會黃嘉瀛事後接受訪問，同意示威者「沒有破壞」藝術品，只是塗污了裝裱玻璃，並將藝術品放在地上，而部分作品前更設有「不可破壞」、「保護文物」的告示；同樣有作品於立法會展示的香港藝術家梁志亦表示：「我們要能夠看到年輕人的憤怒及絕望是基於政府的傲慢與無知」、「立法會內的藝術品以至部分設施的損毀是可以被復原的，但我們不能失去年輕一代。」[32]

　　部分示威者進入大樓餐廳後取走了餐廳冰箱內的汽水，但留下目測總數超過兩百港元的紙幣及硬幣，當作是付款「買」走了汽水。不過餐廳所屬公司董事事後接受訪問，指出箱內不知爲何「只留下小量金錢」、「那些錢明顯不夠」。東九龍社區關注組陳澤滔其後從網上訂購三箱汽水及雞蛋，送往立法會餐廳以代替示威者「道歉」。[33]

《七一宣言》與「四死士」

　　示威者進入立法會會議廳，走到主席台後，以噴漆寫上「太陽花HK」、「釋放義士」、「撤回」、「林鄭下台」、「取消功能組別」等訴求，並在主席台掛上「港英龍獅旗」，以黑色噴漆噴走香港特別行政區區徽上「中華人民共和國」的字眼，只留下「香港特別行政區」及「HONG KONG」，另外再用噴漆將

白色的洋紫荊圖案噴成黑色，表達「香港被毀」；還有四塊分別印上林鄭月娥、李家超、鄭若驊以及盧偉聰樣貌的黑白照被放在主席台前，建制派議員的座位亦遭破壞。[34]

示威者隨後於會議廳稍作休息，但過程中曾謠傳警方反攻，經歷一次恐慌性出逃，不少示威者步出立法會。此時，一名示威者突然站上高台，並脫下口罩正對著記者鏡頭發言。他是前香港大學學生刊物《學苑》總編輯、現正在美國華盛頓大學攻讀政治學博士的梁繼平。梁繼平呼籲承受後果的示威者繼續留下佔領：「我們如果撤離了，我們就會變成明天TVB口中的暴徒……我們要贏，就要一起贏下去。我們要輸，我們就要輸十年。」[35]他隨後讀出《七一宣言》，宣言重申五大訴求，強調政府對兩百萬人遊行視若無睹，立法會淪為政治工具，故示威者不得不佔領立法會；同時指出問題根源為香港仍未落實行政長官及立法會全面普選。[36]梁繼平事後接受訪問，反問：「相比有死者以他們生命進諫，毀壞幾塊玻璃真的這樣重要？」[37]

除了如梁繼平等社運常客，也有社運初哥（編案：新鮮人）一同衝入立法會。20歲的大專生Peter（化名）在雨傘運動期間還是中三，當時他曾參與校內罷課，自此並未參與社運。這次他站在前排擊碎立法會玻璃、隨後也進入立法會。他坦言，一個月前的自己還是溫和派，現在變成站在前線的勇武派，自己也有點接受不了；「但有誰不想用和平的方法？我自己也不想這樣做……和平，他（政府）會當你無到（編案：無視你）。[38]」

一如示威者所料，警方在下午10時21分公開譴責示威者非法進入立法會，已預告會採取適當武力清場。[39]這時，立法會議員張超雄、區諾軒、陳志全等，以及部分示威者勸籲打算死守會議廳的示威者撤離。最終，示威者決定留守至晚上12點，部分示威者離開並加入立法會外的包圍民眾，打算死守的示威者由四十多人變成四人，被廣稱為「四死士」，其中一位更是一名父親。他們寫好遺書，呼籲在場的記者陪他們留到最後。[40]

警方清場

「要走就一起走」

時間接近凌晨零時，警方的防線正向立法會步步進逼，立法會內只留下「四死士」跟一眾記者。突然，留守在立法會公眾示威區（俗稱「煲底」）的示威者起鬨，近百名示威者一起衝入立法會會議廳。原來，他們尊重「四死士」的決心，但卻不肯讓任何一人被拋下；他們達成共識，以最強硬的方式將「四死士」強制「救」走[41]。當立法會內所有示威者都退回公眾示威區，時間剛好是零時5分，而警方亦已到達中信大廈。

營救過程中，媒體訪問到重回立法會救人的一名少女。少女哭著表示知道四名死士自願留下，所以立法會外示威者一致決定要合力抬他們離開。她哭說：「他們不走我們也不走！」即使時間已接近清場死線，所有人都害怕返回立法會將被警察包圍無法離開，但少女回答：「（我們）更怕明天見不到他們四人，所以我們才一起進來，一起走。」[42]

零衝擊下發射催淚彈

零時05分，立法會內只剩下20多位記者以及立法會議員，此時警方已從警察總部出發，分成三隊，向立法會推進。到達中信附近的警方築起防線，以「大聲公」警告路障後的示威者離開。發出警告不到2分鐘，配備長短盾牌的警方在沒有示威者衝擊的情況下，於龍匯道施放多枚催淚彈，示威者不斷後退並舉傘保護自己，而站在中央的記者只能慌忙走避。有記者吸入催淚煙後不適，有記者則被警方揮棍打中，情況混亂。其後，記者上前詢問警方為何這麼快就用催淚彈，但警方沒有回應。雙方一退一進，零時15分左右，警方到達立法會外，一度以催淚水劑驅趕位於立法會公眾示威區的示威者。[43]

當立法會大樓已被警方重重包圍，一名沒有穿戴任何裝備的女社工拿著手提擴音器，擋在警方面前發言，為示威者爭取時間逃走：「你們這刻很憤怒。但記著，你們是香港警察，宣誓守護市民、服務市民，而不是殺害、傷害市民。年輕人不再相信警察、政府，這是你們有份造成的。」[44]很快，多名民主派立法會議

員亦到場，宣布所有在立法會的示威者均已撤走。大批示威者在短時間內向中環方向完全撤離。

金鐘清場後，警方在中環、旺角一帶，以及紅隧截查車輛，進行大規模搜捕，並封鎖立法會搜證。當晚，警方以「涉藏攻擊性武器」、「管有第一部藥物」拘捕了一名輕型貨車司機，但當時車上只載有普通剪刀、荊刀及哮喘藥[45]。直至7月4日，警方共拘捕28人。[46]

凌晨4點，林鄭月娥見記者

當晚，林鄭月娥突然宣布在凌晨4時召開記者會。她聯同政務司司長張建宗、保安局局長李家超及警務處處長盧偉聰在警察總部一同見記者。她斥責有人強行闖入立法會，對目無法紀的行為感到十分憤慨和痛心，予以強烈譴責，並相信市民會有同感，揚言對違法行為追究到底。[47]然而，民主黨立法會議員尹兆堅卻指當日下午泛民議員已緊急約見林鄭，對方以「沒有時間」為由拒絕，但林鄭卻有空在凌晨4點開記者會，令人匪夷所思。[48]

美國總統川普認為佔領立法會的民眾是爭取民主，但「有些政府不想有民主」[49]。英國外相侯俊偉指《中英聯合聲明》仍有法律效力，希望中方履行國際責任，又指將繼續支持香港民主自由，但不能接受暴力。[50]中國外交部反駁，指香港事務屬中國內政，希望英方不要再自不量力干涉香港內政，亦指衝擊立法會是踐踏法治、危害社會秩序的違法行為。[51]

香港各界如大學校長、大律師公會會長及建制派議員等也譴責暴力[52]，但仍有不少民眾同情示威者。7月5日的香港媽媽反送中集會，近8,000人坐滿中環遮打花園，理解並支持年青人[53]。民主派並未與示威者割蓆，毛孟靜批評林鄭月娥嘗試將責任諉過於年輕示威者，促請她盡快回應訴求[54]。

作為民意代表的立法會未能如實反映民情，單向的譴責亦於事無補，社會既有的溝通機制完全失效；反修例運動將如何落幕，無人知曉。

本章註

1　〈香港：為何香港人不認同自己是中國人？一段身份認同的剖白〉，取自《BBC News 中文》YouTube頻道：https://bit.ly/30sqpKz，2019年7月2日。

2　〈IFC女子墮樓送院搶救後不治〉，取自《香港經濟日報》：http://bit.ly/2GwcPxZ，2019年6月30日。

3　〈【逃犯條例】撐警人士拆連儂牆、毀憑弔區揮拳毆反修例示威者〉，取自《香港01》網站：http://bit.ly/2JYXDvu，2019年6月30日。

4　林景輝，鄭榕笛，〈【逃犯條例】制服團體毋須出席七一升旗禮 民政總署：因安全考慮〉，取自《香港01》網站：https://bit.ly/2LP3o09，2019年6月27日。

5　〈【逃犯條例】寵物展家居展被迫提早結束 展商料收入減四成不滿遲通知〉，取自《明報》網站：https://bit.ly/2G8Ffyc，2019年6月29日。

6　〈【逃犯條例　6月30日至7月2日政局全覽】示威者衝擊立法會〉，取自《香港01》網站：https://bit.ly/2Lif6kE，2019年7月3日。

7　政府新聞處，〈行政長官出席香港特別行政區成立二十二周年酒會致辭〉，取自《政府公報》網站：https://www.info.gov.hk/gia/general/201907/01/P2019070100237.htm。2019年7月1日。

8　〈【引渡惡法】龍和道警方今早突推進 引發衝突〉，取自《蘋果日報（香港）》網站：https://bit.ly/2GepzcK，2019年7月1日。

9　影片〈七一升旗禮分域碼頭街爆衝突〉，〈【逃犯條例　6月30日至7月2日政局全覽】示威者衝擊立法會〉，取自《香港01》網站：https://bit.ly/2Lif6kE，2019年7月3日。

10　朱韻斐，〈特稿：恐懼瀰漫 示威者頭破4cm拒送院 護士義工攜急救包遊走前線 真名受訪講「真實所見」〉，取自《明報》網站：https://bit.ly/2GacjpA，2019年7月5日。

11　鄧海興，〈【71遊行】金紫荊廣場被掛黑旗 警列侮辱國旗及區旗跟進〉，取自《香港01》網站：https://bit.ly/2Xi3Zyu。2019年7月2日。

12　〈「不施壓政府當你無到」示威者投票衝立會 學者：入到又點？〉，取自《明報》網站：https://bit.ly/2S9cqWU，2019年7月2日。

13　黃麗英，詹家志，文兆麟，〈【引渡惡法】強攻90分鐘鐵籠車衝擊立法會 示威人士：我哋預咗俾人拉〉，取自《蘋果日報》網站：https://bit.ly/2JvnKtV，2019年7月1日。

14　〈民陣更改遊行路綫呼籲參與人士考慮是否繼續〉。取自《商業電台》網站：http://bit.ly/2GzHNFE，2019年7月1日，15：22。

15　李慧妍、勞敏儀、張美華、王珮殷，〈【71遊行‧交通消息】龍匯道博覽道仍然封閉早上7條巴士線改道〉，取自《香港01》網站：http://bit.ly/30V2tzu，2019年7月1日。

16 　同上。

17 　〈【七一遊行・不斷更新】七一遊行人數民陣：55萬警：19萬〉，取自《明報》網
　　站：http://bit.ly/319MbDl，2019年7月1日。

18 　K.K. REBECCA LAI, JIN WU and LINGDONG HUANG，〈A.I.如何幫助改進香港
　　「七一」遊行人數統計〉。取自《紐約時報》網站：https://nyti.ms/2JYeSx8，
　　2019年7月5日。

19 　〈示威者衝擊立法會晚上成功突入〉，取自《立場新聞》網站：http://bit.ly/2JWR4tk，
　　2019年7月1日。

20 　黃麗英、詹家志、文兆麟，〈【引渡惡法】強攻90分鐘鐵籠車衝擊立法會示威人
　　士：我哋預咗俾人拉〉，取自《蘋果日報》網站，http://bit.ly/2MkkoLZ，2019年7
　　月1日。

21 　影片〈【立法會外情況】現場直播〉，取自香港電台視像新聞RTHK VNEWS Facebook：
　　http://bit.ly/2ygHlHV，2019年7月1日。

22 　〈【衝擊立法會・不斷更新・短片】3人留守立法會會議廳防暴警軍器廠街布防〉，
　　取自《明報》網站：http://bit.ly/30YLbSe，2019年7月1日。

23 　〈立法會氣體襲擊物消防處證實為苯二胺粉末〉，取自《信報》網站：http://bit.
　　ly/2JZ6bTp，2019年7月2日。

24 　立法會秘書處，〈立法會秘書處發出紅色警示〉，取自立法會網站：https://www.
　　legco.gov.hk/yr18-19/chinese/press/pr20190701-1.html。2019年7月1日。

25 　林旼叡，廖雅玉，秦綾謙，〈群眾衝破港警防線！立會玻璃、鐵捲門遭撞〉，取自
　　《TVBS新聞》網站：https://news.tvbs.com.tw/amp/world/1158881。2019年7
　　月1日。

26 　〈眾新聞還原空城前8小時實況示威者撞擊立法會門閘8個鐘防暴警撤離後2分鐘進
　　入〉，取自《眾新聞》網站：http://bit.ly/2KagtPc，2019年7月3日。

27 　David Lague, Anne Marie Roantree.' "What were they thinking?" Hong Kong
　　police tactics baffle the experts as legislature is trashed'. Reuters. 2019-07-04.

28 　余俊亮，〈【立法會衝擊・圖輯】立法會破碎凌亂牆壁滿佈年輕人的怒吼爪痕〉，取
　　自《香港01》網站：http://bit.ly/2ZfTHMn，2019 年7月3日。

29 　Vitalist International。取自Vitalist International Twitter：http://bit.
　　ly/312b1Vm，2019年7月2日。

30 　〈【回歸22年・圖輯】示威者攻入立法會毀主席肖像闖會議廳讀宣言〉，取自《香
　　港01》網站：https://bit.ly/2KRC69Y，2019年7月1日。

31 　〈對峙8小時警先棄守後清場示威者佔領立會〉，取自《蘋果日報》：http://bit.ly/
　　2LKy4R6，2019年7月1日。

32 　〈【佔領立法會】畫作掛立法會藝術家：作品受損弄髒可諒解心痛年輕人抗爭代價
　　大〉，取自《立場新聞》網站：https://tinyurl.com/y4tmahhm。2019年7月3日。

33 　莊恭南，〈【立法會衝擊】餐廳稱汽水錢不足陳澤滔代賠償哨兵澄清非割席〉，取自《香港 01》網站：https://tinyurl.com/y6j3ngsq，2019年7月3日。

34 　〈【佔領立法會】警方凌晨清場施多枚催淚彈〉，取自《立場新聞》網站：http://bit.ly/2MnJgTk，2019年7月1日。

35 　〈除口罩勇士梁繼平（港大政治學與法學雙學位）在7月1日衝入立法會會議廳的當日演說：如果撤離就會變成TVB口中暴徒〉，取自《香港大紀元時報》Youtube頻道：http://bit.ly/2YsQkVc，2019年7月5日。

36 　〈【逃犯條例】《七一宣言》等文宣被譯成多國語言一覽各宣言重點〉，取自《香港01》網站：http://bit.ly/32RmZTH，2019年7月5日。

37 　〈【佔領立法會】無悔脫下口罩發表宣言梁繼平接受傳媒訪問：不希望公眾只記得破壞行為〉，取自《立場新聞》網站：https://tinyurl.com/y4gcls26。2019 年7月5日。

38 　楊子琪、鄭佩珊、陳倩兒，〈進擊的年輕人：七一這天，他們為何衝擊立法會？〉，取自《端傳媒》網站：http://bit.ly/2GyZOUH，2019年7月3日。

39 　〈警務處簡報・非法進入立法會〉，取自《香港警察Hong Kong Police》Facebook專頁：http://bit.ly/2KcEZ25/，2019年7月1日。

40 　〈【佔領立法會】堅持「一齊走」數十示威者冒清場死線重返會議廳勸離留守者〉，取自《立場新聞》網站：http://bit.ly/2ZbGC6B，2019年7月2日。

41 　同上。

42 　〈【立法會現場・角度7】〉，取自《立場新聞》Facebook專頁：http://bit.ly/2ZiXoAO，2019年7月2日。

43 　端傳媒香港組，〈香港回歸22週年，七一升旗禮、大遊行、佔領立法會全紀錄〉，取自《端傳媒》網頁：http://bit.ly/2K89C93，2019年7月1日。

44 　〈【夏愨道一帶・角度1】〉，取自《立場新聞》Facebook專頁：http://bit.ly/2YuxNDz，2019年7月2日。

45 　黃江奇，〈拘司機指哮喘藥為毒藥〉，取自《蘋果日報》網站：http://bit.ly/2ZrCPIX，2019年7月4日。

46 　〈【反修例衝突】警大搜捕28人落網〉，取自《星島日報》網站：http://bit.ly/2Or7Sgt，2019年7月4日。

47 　〈林鄭凌晨四點見記者揚言對衝擊立會人士追究到底〉，取自《獨立媒體》網站：http://bit.ly/2MjUKqG，2019年7月2日。

48 　〈【反送中攻入立法會】凌晨4點開記者會林鄭月娥拒下台拒撤案、揚言追究到底〉，取自臺灣《蘋果日報》網站：http://bit.ly/2YmSbGN，2019年7月2日。

49 　〈【引渡惡法】川普曾跟習近平談論香港評佔領立會：他們在追求民主〉，取自《蘋果日報》網站：http://bit.ly/2LJ4onn，2019年7月2日。

50 　〈【佔領立法會】對示威者爭取自由深表同情英國外相候俊偉：暴力不能接受惟理解

他們憂慮〉，取自《立場新聞》網站：http://bit.ly/30VBZho，2019年7月2日。

51　〈沉浸在殖民幻象，信口雌黃顛倒黑白〉，取自《人民日報海外版》：http://bit.ly/2GzCUfP，2019年7月4日。

52　〈2000人聯署促收回聲明張翔：誰用暴力都譴責〉，取自《明報》網站：http://bit.ly/2SLi4ik，2019年7月11日；〈【逃犯條例】戴啟思對示威者衝擊立會失望籲馬上停止〉，取自《頭條日報》網站：http://bit.ly/312JH9K，2019年7月1日。

53　尼古拉，〈反送中續：香港媽媽接受法廣採訪〉，取自《RFI法國國際廣播電台》網站：http://bit.ly/2yonXlM，2019年7月6日。

54　〈毛孟靜斥林鄭月娥無正視問題促與民主派對話〉，取自《商業電台》網站：http://bit.ly/2K9Gy0T，2019年7月2日。

無法作結的結語：

高度文明城市的光速瓦解？

進入了立法會，下一步呢？這本小書無法論及：事情仍在發生，前路尚未澄清。

　　本書由一眾作者同時經歷著香港重大歷史時刻的七、八月寫成，是一群香港青年傳媒人、中學教師、社會工作者、作家、設計師、學生、Cosplayer、電腦工程師、公務員、前線示威者、銀行家和歷史學者的合著。雖然我們盡力在寫作過程中抽離並客觀介紹這場歷史事件，但身處其中，本身就充滿了對香港的感情，讀者在閱讀中定能感受。我們希望本書可以成為關懷香港或愛好自由的讀者理解這事件的一手資料，故亦向不同的攝影師與市民徵求前線攝得的圖片。

　　在寫作的過程中，香港持續經歷了災難一般的人禍。政府與市民至今（八月初）彷彿仍無法理解對方的語言，當基本溝通也失效，便釀成一連串的慘劇與荒謬情形：元朗黑夜的恐怖襲擊，數百名白衣暴徒無差別襲擊市民、八月五日的罷工、罷課、罷市行動引發十區警民衝突……但最荒謬的，卻是始終未曾親自與示威者對話的特區首長林鄭月娥女士仍然安坐禮賓府中，以記者發布會與警察治港。即使是親中國的建制人士，也對此極為失望。在臉書上讀到愛國人士對政府或林鄭月娥女士本人的批評，使人宛如活在平行時空。

　　香港著名商人及中國第十屆浙江省政協委員王維基7月26日在個人臉書上表示他對8月5日「三罷行動」的擔憂，矛頭直指行政長官：

> 你叫大家停止暴力、要坐下來好好討論；
> 　我們做了，我們（這班老人家）沒有暴力，只有氣力寫了幾百字的論點，跟你講道理。你有理會嗎？
> 你有用行動來回應、去制止社會的分裂嗎？
> 如果星期六（作者案：指8月5日的三罷行動）攪出人命，無論是那一方面的「錯」；你、你的司局長和行會成員都必須要負全責。

香港著名國際關係學者沈旭暉則在8月5日釀成十區衝突、警方一天內發射800枚催淚彈後，也在臉書上直接譴責政府在記者會中拒絕市民（包括不少建制與中國支持者）的要求，不願成立獨立調查委員會回顧檢視這場涉及六條人命與無數衝突撕裂的慘劇：

拒絕獨立調查委員會，其實是拒絕妳自己
令香港步向玉石俱焚，其實是妳

同日，本港與中國政府關係最為親密的民主建港聯盟（民建聯）立法會議員蔣麗芸議員也在臉書大肆批評林鄭月娥女士的無能：

林鄭特首在記者會上提出很多問題！
但解決方案呢？

失望！！！

看到眾多「親中愛國」的社會賢達仗義執言，政府仍無意解決民間重大的問題，作為市民實在難以理解。事實上，警察從6月9日至8月5日發射超過1,800枚催淚彈，這真實發生在作為世界金融中心的香港，根本令人難以想像。現代社會為了民眾方便生活，已發展出十分複雜的體系。交通訊號系統、自助收費的地下鐵、大型購物商場，全都是以市民自願遵守為前提而順暢運作，社會秩序其實十分脆弱。

為了便於共同生活，市民願意放棄部分的自由而成為社會一員，這是政府有效運作的先決條件。在200萬人遊行過後，政府仍未順從市民的意願，假設當中1%願意以身試法，以不合作運動或更激進的武力阻止社會秩序運行，那就是有2萬人。換言之，如果香港政府堅持以「執法」取代「聆聽」，港府必須以國家力

量囚禁2萬名市民。這2萬名市民的家人、朋友自然對政府心存芥蒂。順帶一提，香港目前在囚人士為8,241名，約佔社會中的0.11%。要容納2萬名政治犯，香港的監獄數量起碼要增加200%。

坦白說，數目恐怕會遠超於此。在七月及八月，數十名市民被控暴動罪，刑期可達十年。但連日不斷的集會，仍有十萬計的市民參加。甚至，深夜發生在偏遠地區非計畫性的衝突，也都可以聚集兩、三萬人。這證明了願意為政治理念而入獄的市民可能高達三到五萬。香港的懲教機構是否已做好處理的準備呢？危如累卵，不論政治立場，任何有良知的香港人都應該擔心社會分崩離析的。需知，當社會中大部分的成員不願遵守規矩，高度文明的城市真可以一夕之間光速瓦解。

所謂令秩序失效，亦不一定是透過武力衝突達成。韓非所謂「儒以文亂法，俠以武犯禁」，起碼說明了即便是法律高壓管制的社會仍有被「非暴力」瓦解的可能性。[1] 但即使是「非暴力」，瓦解了的香港也不是三、五年可以簡單重建的。為了捍衛自由，香港百萬計的市民用盡一切辦法向政府表達意見，成本慘痛。但我們卻明白這只是新一波自由運動的開端。

自由運動不必以血淚延續。權力在於政府，直到政府願意開誠佈公與市民對話的那一天，自由運動就會轉以對話的方式繼續。這才是我們認識的香港。

本章註
[1]　《韓非子》卷十八〈五蠹〉（《欽定四庫全書》本），頁6b。

FOR FREEDOM

國家圖書館出版品預行編目

自由六月：2019年香港「反送中」與自由運動的開端 / 22
Hongkongers著. -- 一版. -- 臺北市：新銳文創, 2019.09
　　面；　公分
BOD版
ISBN 978-957-8924-69-7(平裝)

1. 社會運動　2. 政治運動　3. 香港特別行政區

541.45   108014674

血歷史161　PF0249

新銳文創
INDEPENDENT & UNIQUE

自由六月：
2019年香港「反送中」與自由運動的開端

作　　者	22 Hongkongers
出版策劃	新銳文創
印　　刷	秀威資訊科技股份有限公司
	114 台北市內湖區瑞光路76巷65號1樓
	電話：+886-2-2796-3638　傳真：+886-2-2796-1377
	服務信箱：service@showwe.com.tw
	http://www.showwe.com.tw
發　　行	圖書部
	電話：+886-2-2518-0207
	信箱：bod_division@showwe.com.tw
	傳真：+886-2-2518-0778
	https://store.showwe.tw
出版日期	2019年9月　BOD一版
定　　價	320元

2019年
香港反送中運動持續進行中……

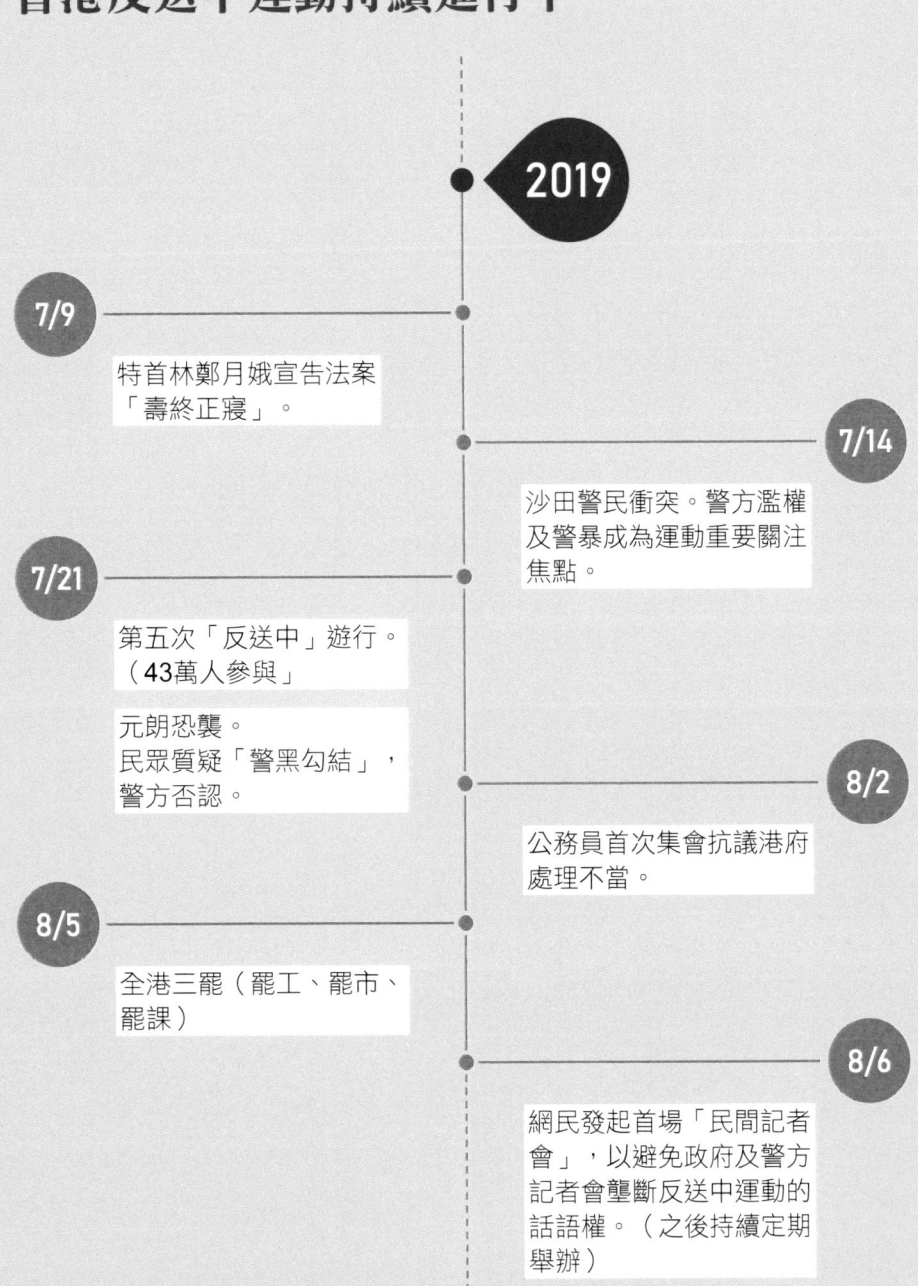

2019

7/9
特首林鄭月娥宣告法案「壽終正寢」。

7/14
沙田警民衝突。警方濫權及警暴成為運動重要關注焦點。

7/21
第五次「反送中」遊行。（43萬人參與」

元朗恐襲。
民眾質疑「警黑勾結」，警方否認。

8/2
公務員首次集會抗議港府處理不當。

8/5
全港三罷（罷工、罷市、罷課）

8/6
網民發起首場「民間記者會」，以避免政府及警方記者會壟斷反送中運動的話語權。（之後持續定期舉辦）

8/11

警方於地鐵葵芳站室內空間發射催淚彈。

一名女子遭警方布袋彈直擊眼球，永久失明。

8/12-8/13

民眾於香港國際機場發起「黑警還眼」活動，向全世界抗議警爆。爆滿人潮迫使香港機場管理局宣布取消當日所有航班。

8/18

第六次「反送中」遊行（流水式集會）。（170萬人參與）

因警方未出動，此為運動以來罕見無催淚彈的和平的一天。

8/23

民眾效法1989年和平抗爭的「波羅的海之路」，於晚間發起全港手牽手的「香港之路」活動，人鏈長達60公里。（21萬人參與）

8/25

警方首次真槍實彈對天開出第一槍（荃灣）。

據警方統計，自6/9-8/15，因參與反送中運動被捕人士已達748人；
若加上8/24觀塘遊行及8/25荃葵青遊行，被捕人數已經超過 *800*人。

**8/29-
8/30**

多名知名的運動參與者密集遇襲或被捕：

8/29：
岑子杰（民陣召集人）遇襲；陳浩天（民族黨召集人）被捕；
鍾健平（元朗遊行發起人）遇襲。

8/30：
黃之鋒（香港眾志祕書長）被捕；周庭（香港眾志成員）被捕；
許銳宇（沙田區議員）被捕；鄭松泰（立法會議員）被捕。

本　書　付　梓

8/31

目前已知民陣預計發起
「爭真普選呼籲撤銷
『831決定』」的大遊
行，目的地為中聯辦。
警方則發出「反對通知
書」，駁回申請。